El
CICLO DE LA MAYORDOMÍA VICTORIOSA

**Su Tiempo,
Su Talento,
Su Tesoro**

STAN Y LINDA TOLER

cnp
EDITORIAL

CNP Editorial
Kansas City, Missouri

Publicado por
Casa Nazarena de Publicaciones
17001 Praire Star Parkway
Lenexa, KS 66220 EUA.

Título original en inglés:
>   The Cycle of Victorious Giving
>   Stan and Linda Toler
>   Copyright © 2004
>   Beacon Hill Press of Kansas City
>   A Division of Nazarene Publishing House
>   Kansas City, Missouri 64109 USA

>   This edition published by arrangement
>   with Nazarene Publishing House
>   All rights reserved

Copyright © 2005
Esta edición se publica con permiso de
Nazarene Publishing House
Todos los derechos reservados

ISBN 978-1-56344-725-9

Traductor: Ramon Sierra
Diseño de portada y páginas interiores: Tony DePina
Categoría: Cristianismo / Doctrina / Estudio bíblico

A Wilma Cole,
modelo de mayordomía cristiana
y, sin duda alguna,
¡una de las personas más generosas del mundo!

CONTENIDO

ACERCA DE LOS AUTORES

Stan y Linda Toler viven en la ciudad de Oklahoma en los Estados Unidos. Stan es el pastor titular de *Trinity Church of the Nazarene*, y Linda enseña en *Bethany Elementary School*. Los Toler, juntamente con sus amigos Elmer y Ruth Towns, fueron coautores del libro *Christian Traditions* (Tradiciones cristianas). Tienen dos hijos: Seth, que es policía en la ciudad de Oklahoma, y Adán, que estudia en la *Southern Nazarene University*. También tienen un perro dálmata, Marmaduke, que gobierna la casa.

A los Toler se les puede contactar a través de las siguientes direcciones:

Stan Toler
P.O. Box 892170
Oklahoma City, OK 73189-2170, E.U.A.
E-mail: stoler1107@aol.com
Sitio web: www.stantoler.com

PREFACIO

En 1971, mientras estudiaba en la universidad, yo (Stan) descubrí un libro que transformó mi vida. Lo escribieron Earl Lee y su esposa, Hazel, pastores de la Primera Iglesia del Nazareno de Pasadena, California. Sus principios para tener una vida cristiana victoriosa me proveyeron bases espirituales valiosas, y no sólo a mí, sino a muchos otros. *El ciclo de la vida victoriosa*, basado en un estudio de Salmos 37, se convirtió en un libro de gran venta entre los cristianos ansiosos de aplicar verdades bíblicas a su vida llena de problemas. El Dr. Lee predicó en la capilla de la universidad, y luego tuve el privilegio de llevarlo al aeropuerto. Durante ese corto viaje, de su corazón brotaba la riqueza del consejo espiritual que había plasmado en su libro. Escuché atentamente cada una de sus palabras, dándome cuenta de que él no sólo escribía sobre la vida victoriosa, sino que la encarnaba en cada aspecto de su vida.

Los Lee fueron ejemplos vivos de la gracia y la paz de Dios durante la toma de rehenes en Irán, que terminó en enero de 1981. Su hijo Gary fue uno de los rehenes que estuvieron cautivos por 444 días. Sus corazones de seguro estaban a punto de estallar de dolor durante la cautividad de su hijo; pero enfrentaron la crisis con un testimonio tan poderoso de victoria espiritual y emocional que influyeron profundamente, aun en los medios noticiosos que cubrían su difícil situación. Una reportera entregó su corazón a Cristo como resultado de su encuentro con esta pareja consagrada a Dios.

Siempre pensé que los conceptos básicos de *El ciclo de la vida victoriosa* podían aplicarse a un área específica de la vida cristiana: la mayordomía. Imagínese el gozo que sentí cuando mi amigo Steve Weber, director de los Ministerios de

Mayordomía de nuestra denominación, me animó a "hacer realidad" mi idea. El proyecto quedó sellado en mi corazón cuando Bonnie Perry, directora de Beacon Hill Press, me dijo entusiasmada: "¡Es una gran idea! ¡Hagámoslo!"

Cuando hablé del proyecto con mi esposa, Linda sintió el mismo entusiasmo. Acordamos que nuestra versión de *El ciclo de la vida victoriosa* reflejaría lo que habíamos aprendido acerca del "ciclo de la mayordomía victoriosa", que ha bendecido nuestras vidas durante nuestros 30 años de matrimonio y ministerio de tiempo completo. Así comenzó este libro.

Algunos cristianos se ponen nerviosos al escuchar la palabra "mayordomía", mientras que muchos otros han descubierto que la *mayordomía victoriosa* significa *una vida victoriosa*. Nosotros estamos en este último grupo. Como otras parejas, casi desde el inicio de nuestro matrimonio hicimos el pacto espiritual de que obedeceríamos la Palabra de Dios respecto a las finanzas. En mi libro *God Has Never Failed Me, but He's Sure Scared Me to Death a Few Times* (Dios nunca me ha fallado, pero me ha dado grandes sustos algunas veces), relato cómo puse en práctica los principios de Earl y Hazel Lee cuando, durante una conferencia misionera, prometí ofrendar cierta suma. Ese incidente llegó a ser un estilo de vida para Linda y para mí. Innumerables veces nos hemos maravillado al ver cómo Dios abre las ventanas de los cielos sobre nosotros, demostrando en maneras prácticas y poderosas los principios "del ciclo de la mayordomía victoriosa".

Jesús no temía hablar sobre temas importantes, incluyendo el uso sabio del dinero. De hecho, más de 2,000 versículos de la Palabra de Dios tratan directamente de las finanzas. ¡Eso prueba que es muy importante! Jesús sabía que el aspecto fundamental de la entrega a Él es nuestra actitud hacia lo material. No podemos darle sólo nuestro cuerpo, alma y mente. También debe tener nuestra cuenta bancaria, las ganancias de nuestras inversiones y nuestras posesiones. Naturalmente, los donativos no nos brindan la salvación. Lo único que puede salvarnos es la sangre de Cristo, el regalo de su propia vida a nuestro favor. Pero, el acto mismo de dar probó que éramos salvos; que, en gratitud por lo que Él dio, le rendimos nuestra vida y nuestros medios de sustento a Aquel que puede administrarlos con visión sobrenatural.

No necesitamos ir muy lejos para hallar pruebas de que el "ciclo de la mayordomía victoriosa" funciona. Sólo tenemos que mirarnos en el espejo. Ha funcionado en nuestro hogar. Hemos descubierto la maravillosa bendición de Dios sobre nuestra mayordomía. Lo descubrimos, primero, cuando éramos los jóvenes pastores de una pequeña iglesia, luchando para hacer los pagos mensuales por el auto y comprar ropa para nuestros dos hijos. Y, lo hemos descubierto de manera diaria y continua como los padres de hijos adultos, viviendo en un hogar cómodo y empezando a pensar en la jubilación que ya no está muy lejana.

Debemos añadir que hemos visto las mismas evidencias de la bendición de Dios en tiempos difíciles, al enfrentar enfermedades que amenazaron nuestra vida, y también en los días de recuperación y de un megaministerio activo.

¡Funciona! Este principio de *dar, recibir y volver a dar* —el ciclo de la mayordomía victoriosa— no es sólo teoría. Es un estilo de vida —de vida abundante.

Nuestra oración, de todo corazón, es que este libro marque una diferencia transformadora en su vida cristiana.

RECONOCIMIENTOS

Nuestra especial gratitud a Jerry Brecheisen, Jeff Dunn, Deloris Leonard, Jonathan Wright, Laura Womack y Pat Diamond, por su creatividad y conocimiento editorial. Asimismo, nuestro aprecio y respeto a Bonnie Perry, Hardy Weathers, Mark Brown, Barry Russell y Steve Weber, por animarnos a realizar este proyecto.

INTRODUCCIÓN

La iglesia cuenta con abundantes enseñanzas sobre el tema de la mayordomía. Tenemos a nuestra disposición una gran riqueza de información por la radio, la televisión y la página impresa. Pero creemos que algunas de esas enseñanzas han tenido una influencia negativa. Dios ciertamente ha prometido prosperar a sus hijos. Ese es uno de los beneficios a largo plazo de conocer a Cristo como Salvador. Él ha prometido cuidar de los suyos.

Sin embargo, no lo hace de la misma manera con todos. Dios nos puede bendecir tanto en una carpa como en un templo. Podemos disfrutar la abundancia de su provisión conduciendo un auto nuevo y lujoso, o un auto usado que ha recorrido más de 150,000 kilómetros. La riqueza de Dios es ilimitada, incluyendo desde bienes raíces hasta joyas preciosas. En la escuela dominical solíamos cantar una alabanza que lo resumía muy bien: "Él es dueño del ganado de los campos, de la riqueza de las minas; es dueño de los ríos, las rocas y los riachuelos; del sol y la luna que brillan".[1] Él puede darnos lo que quiera, cuando quiera y como quiera.

Lo más importante es que Dios nos da lo que es mejor. En el relato del Nuevo Testamento, el hijo pródigo recibió toda su herencia de una vez. Pero después vemos que el hermano mayor disfrutaba de la provisión diaria de cosas buenas, mientras que el pródigo errante vivía en la pobreza tras malgastar su riqueza (veáse Lucas 15:11-32).

A Dios le interesa la *provisión diaria*. Jesús nos enseñó a orar: "El pan nuestro de cada día, dánoslo *hoy*". Para algunos, esa provisión se distribuirá como dividendos de acciones y opciones favorables de negocios. Para otros, vendrá en porciones más pequeñas, tales como horas extras de trabajo que proveen un ingreso inesperado, o un descuento especial al hacer una compra. En ambos casos, las riquezas del cielo se aplican a los residentes de la Tierra.

En la economía del reino de Dios no damos para recibir algo. Lo hacemos simplemente porque lo amamos a Él. La mayordomía es una expresión de lealtad a Dios y de gratitud por sus bendiciones. A cambio, recibimos beneficios soberanos que Él nos provee en forma continua y en la cantidad adecuada para nuestro bien espiritual. Entonces, nosotros le damos otra vez; es decir, *reciclamos* las bendiciones de Dios.

La prosperidad es un regalo divino, no una garantía que ofrece el cristianismo. En ocasiones, la pobreza puede ser una bendición. Por ejemplo, la madre Teresa, desde su pobreza bendijo en la India a los desamparados y a los que ya no tenían esperanza alguna. Ella poseía muy pocos recursos en este mundo, pero, con lo que tenía, ministró a miles de necesitados.

Como en la iglesia de Laodicea en Apocalipsis, "la fe del rico" puede ser una maldición. La iglesia rodeada de lujos puede perderse la bendición de la presencia y el propósito de Dios.

El cristianismo no tiene que ver con relojes de oro sino con coronas de oro. Estas son las coronas de servicio que un día serán arrojadas a los pies del Salvador, quien dejó el esplendor del cielo para vivir sin casa en la Tierra; el Salvador que, teniéndolo todo, lo dejó para que pudiéramos disfrutar del lujo de su perdón y la esperanza invalorable de un futuro.

Este libro trata del equilibrio; acerca de dar para *dar*, no para *recibir*. Habla de un ciclo victorioso de mayordomía que produce paz y prosperidad, sabiduría y riqueza, sustento y lujos.

Hay cuatro componentes principales en este "ciclo de la mayordomía victoriosa". El primero es *confiar*. Confiamos para vivir. Le entregamos al Señor nuestro estilo de vida —incluyendo las finanzas— y descansamos en su provisión abundante. Esto, a su vez, proporciona una conexión vital con Dios.

El segundo es *encomendarse*. Nos encomendamos a Dios, comprometiéndonos a crecer. Plantamos semillas espirituales a fin de cosechar madurez espiritual. La mayordomía refleja nuestra actitud hacia lo material.

El tercero es *deleitarse*. Nos deleitamos en dar. La mayordomía es un acto de compañerismo cristiano. Nos provee satisfacción espiritual interna. No es un obstáculo en nuestra vida; más bien, la enriquece.

El cuarto elemento es *guardar silencio*. Permanecemos en silencio para heredar. La mayordomía cosecha dividendos eternos. ¡Dios ha prometido un final fabuloso! Cuando nos comprometemos con su reino en la tierra, en realidad estamos invirtiendo en la eternidad.

El ciclo de la mayordomía victoriosa

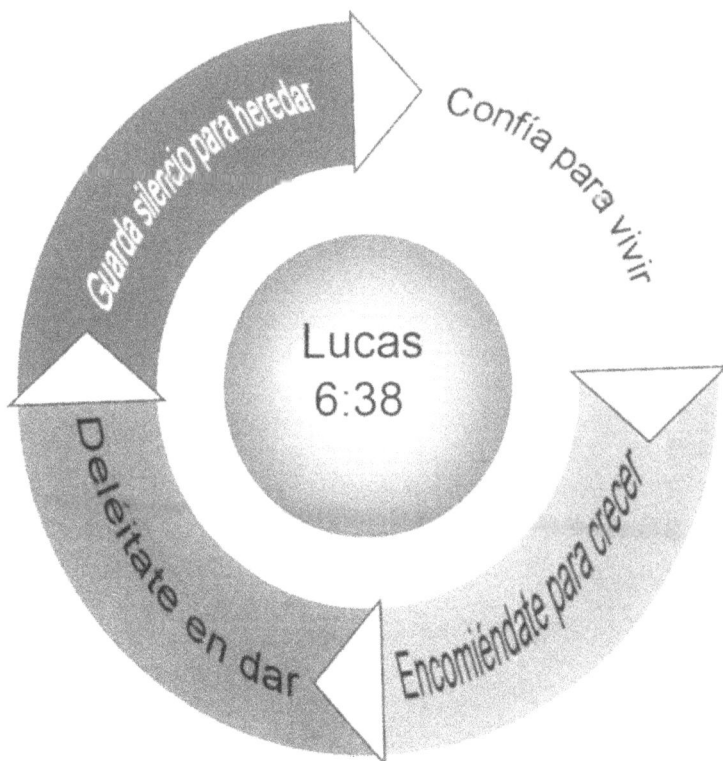

Guarda silencio para heredar

Confía para vivir

Lucas
6:38

Deléitate en dar

Encomiéndate para crecer

El "ciclo de la mayordomía victoriosa" puede transformar y liberar nuestra vida. A través de estas páginas, descubrirá una manera nueva de ver tanto las bendiciones materiales como las espirituales. Quedará libre de actitudes negativas hacia el dinero. De ese modo, disfrutará de los principios positivos que Dios nos ha dado para que tengamos plenitud financiera y espiritual.

¡Prepárese!

Dios tiene un plan maravilloso para su vida. Desea que disfrute su viaje al cielo. Ya ha puesto algunas promesas maravillosas en el mapa de su Palabra, y ha provisto suficientes recursos en el camino para brindarle apoyo y bienestar.

Abra su corazón para recibir la abundante provisión divina. Descubra que Dios ya ha invertido en nuestra vida. Y, aprenda cómo puede obtener una ganancia garantizada al invertir en el reino de Dios.

En verdad, el "ciclo de la mayordomía victoriosa" es sencillamente otro paso en el "ciclo de la vida victoriosa".

"CONFÍA" PARA VIVIR

La mayordomía nos conecta con Dios

*Confía en Jehová y haz el bien; habitarás
en la tierra y te apacentarás de la verdad.*
—Salmos 37:3

En 1971, Beacon Hill Press de Kansas City se arriesgó a publicar un pequeño libro, titulado *El ciclo de la vida victoriosa* [publicado en español en 2001]. Después de haberse vendido más de 100,000 ejemplares, es un clásico bajo cualquier definición.

Yo (Stan) tuve el privilegio de escuchar al autor, Earl Lee, hablar sobre el tema de su libro el mismo año cuando se publicó. Después de esa experiencia, modifiqué su "ciclo de la vida victoriosa" al "ciclo de la mayordomía victoriosa". Sucedió cuando hice una promesa de fe durante la conferencia misionera anual. Sentí que Dios quería que diera 100 dólares como promesa de fe. Y, en ese tiempo, realmente era una promesa de *fe*. Los gastos en la universidad habían puesto una tremenda carga sobre mis finanzas. Cumplí la promesa de inmediato, pero requirió hasta la última moneda de mis bolsillos. Después de dar la ofrenda, me quedé sin dinero y la preocupación empezó a controlar mi mente.

Poco después, en mi empleo de tiempo parcial en una peluquería cercana, mi jefe dijo que quería hablar conmigo.

Mi preocupación aumentó.

"Stan", me dijo, "los demás peluqueros tienen más oportunidades que tú de recibir propinas y comisiones por la venta de productos para el pelo. Pero tú estás haciendo muy buen trabajo. Por eso quiero darte esta bonificación de 100 dólares, pero que no lo sepan los demás".

Si no hubiera tenido entonces dos obstáculos, habría bailado allí mismo y hubiera abrazado a mi jefe. El primero era que, a los estudiantes de la universidad a la que asistía, no se nos permitía bailar. El segundo, la gente que pasaba por allí de camino a la cafetería Risch, no hubiera entendido por qué estaba abrazando a mi jefe.

Dios me enseñó algo aquel día. Descubrí que en una competencia de quién daba más, nunca podría ganarle. Dios honra la obediencia y se regocija cuando aprendemos a confiar.

Earl y Hazel Lee escribieron:

> Si la fe no es nada separada de su objetivo, lo mismo se puede decir respecto a la confianza, puesto que sus significados son semejantes. La recomendación que encontramos en las Escrituras es que nos apoyemos en el Señor. Él hizo los cielos y la tierra. Él calma las tempestades y aquieta las olas. De Él "es la tierra y su plenitud, el mundo y los que en él habitan" (Salmos 24:1). Es en el Señor en quien debemos apoyarnos, poniendo todo nuestro peso sobre Él. Uno se siente más ligero cuando entrega sus preocupaciones al Señor. Una vez que encontramos alivio al encomendarnos a Dios y confiar en Él, apoyarnos en el Señor viene a ser el siguiente paso en el ciclo".[1]

La vida en el ciclo

Cuando usted aprende a confiar en Dios —apoyándose firmemente en el poder, la presencia y la provisión de Dios—, ha entrado en el *ciclo*. Ya ha comenzado el viaje de fe, haciendo el maravilloso descubrimiento de que Dios no dejará de cumplir su palabra. Yo (Stan) nunca olvidaré aquel culto de capilla en la universidad, cuando me arrodillé y levanté las manos, liberándome totalmente de los temores que me habían acosado desde la muerte de mi padre. Al entrar en el "ciclo de la vida victoriosa", la paz inundó mi alma.

Las primeras palabras de la Biblia son: "En el principio... Dios". Lo mismo ocurre en el "ciclo de la mayordomía victoriosa". Comienza con Dios: quién es Él, qué ha prometido y qué ha provisto. En resumen, usted ha comenzado su viaje por el lado favorable de la vida, ¡con lo verdaderamente bueno! Ahora depende de los recursos del Dios del universo, cuya provisión es interminable.

El Dios de la abundancia

Nuestro amigo Chuck Crow habla de una empresa que a veces ofrece seminarios llamados "Almuerce y Aprenda". Se realizan durante la hora de almuerzo y tratan de diversos temas relacionados con la salud física y mental. Si el seminario durará más de una hora, los empleados deben obtener la autorización del supervisor para asistir. Chuck cuenta riendo acerca de un volante que decía: "Seminario *Almuerce y Aprenda*: ¿Quién controla su vida? (Pida permiso a su supervisor antes de asistir)".

No importa qué suceda en nuestra vida, tenemos que llegar a la misma conclusión: Dios es quien la dirige. Él es dueño de todo (Salmos 24:1), incluyendo nuestros problemas. Él tiene riquezas inmensurables y nos da generosamente de esa abundancia. Las posesiones materiales no son nuestras. Le pertenecen a Dios. Él sencillamente nos las presta para suplir nuestras necesidades diarias.

Por supuesto, confiar en Dios de esa manera va en contra de nuestra naturaleza humana. Por eso Jesús nos advirtió: "No se turbe vuestro corazón; creéis en Dios, creed también en mí" (Juan 14:1). Desde los sucesos en el huerto del Edén, nuestra tendencia ha sido hacer las cosas a nuestra manera. Nos atribuimos el cargo de director ejecutivo de nuestra vida, viviendo bajo la premisa incorrecta de que nuestras *decisiones* resultan en *provisiones*.

No podemos hacer nada

Mucho de lo que Dios ha prometido no podemos controlarlo por esfuerzo propio, incluyendo la salvación. Jesús dijo: "Yo soy el camino, la verdad y la vida; nadie viene al Padre sino por mí" (Juan 14:6). A menudo actuamos como si las promesas de Dios incluyeran condiciones impresas en letra muy pequeña, que anulan lo prometido a menos que nosotros hagamos todo el trabajo. La obra de salvación ya se hizo. El precio de la redención ya fue pagado. Vivimos por *gracia* por medio de la fe, no por *determinación* propia. De su abundancia y amor, Dios derrama sobre nosotros su provisión, dándonos lo que no podíamos ganar ni comprar.

Confiar en Dios significa creer en lo que no vemos. Hebreos 11:1 declara: "Es, pues, la fe la certeza de lo que se espera, la convicción de lo que no se ve". Él se mueve a través del escenario de nuestra vida, realizando milagros que no podemos visualizar ni entender. El sol sale. Las estaciones siguen su curso. La lluvia cae. La nieve cubre la cima de las montañas. Los planetas giran en sus órbitas. No entendemos cómo funciona todo esto; sólo disfrutamos de los beneficios creyendo que el Creador tiene todo bajo su control.

Si Dios cuida de todo esto, podemos confiar también que cuidará de los detalles de nuestra vida. Thomas G. Long comentó:

> Al fin de cuentas, el que uno sirva a Dios o a las riquezas, depende de la confianza. Cuando Jesús mencionó las aves del cielo, que son alimentadas por Dios aunque no se preocupan ni planean; y los lirios del campo, vestidos en forma gloriosa y colorida aunque no tocan hilo ni aguja, su propósito fue invitarnos a confiar en Dios. Si Él cuida de las aves y de las flores silvestres, Jesús promete que Dios cuidará de nosotros. Así que, no sólo quedamos libres de la ansiedad compulsiva por tener lujos vanos, sino que ni siquiera debemos preocuparnos por las cosas básicas —comida o ropa— porque nuestro Dios sabe que necesitamos todas estas cosas (Mateo 6:31-32) y nos las proveerá.[2]

Confiar en Dios nos recuerda que Él es el "director ejecutivo" de nuestra vida y el "administrador" de nuestras finanzas. Nos dice Proverbios 3:5-6: "Confía en Jehová con todo tu corazón y no te apoyes en tu propia prudencia. Reconócelo en todos tus caminos y él hará derechas tus veredas". Al confiarle a Dios los detalles de nuestra vida, incluyendo las finanzas, reconocemos espiritualmente que es un Padre celestial amoroso en quien podemos confiar.

Conozcamos nuestra fuente

Confiar en Dios también muestra que Él es la fuente de nuestra provisión. Deuteronomio 10:14 declara: "De Jehová, tu Dios, son los cielos y los cielos de los cielos, la tierra y todas las cosas que hay en ella". Cuando reconocemos que todo proviene de Dios, dejamos la responsabilidad en sus manos. La presión todavía existe, pero no está sobre usted sino sobre Él. Usted simplemente realiza sus tareas cotidianas en forma diligente, fiel y hábil. Él es responsable de los resultados.

Moisés no se preocupó del nivel de las aguas. Tan solo confió en que Dios las separaría y guiaría a los israelitas a través del mar Rojo.

David tampoco se preocupó en calcular si tenía o no la estatura y fuerza proporcionales para pelear contra el gigante Goliat. Sencillamente tomó una piedra y dejó que Dios la dirigiera.

José no se preocupó en tomar cursos por internet sobre protocolo o pureza. Dependió tan solo de la sabiduría de Dios para administrar la casa de Potifar, y para *huir* de la esposa de éste.

A la mujer que tocó el borde del manto de Jesús no le preocupó seguir las reglas de etiqueta. Ella avanzó entre la multitud para llegar directamente a la fuente de su sanidad, a Aquel que gobierna la vida y la muerte.

El apóstol Pedro no se preocupó de la ley de la gravedad. Él salió de la barca y empezó a caminar sobre el agua hacia el Maestro. Pedro sabía que podía confiar en Jesús en medio de la tormenta.

Hace poco, en un almacén, vimos un letrero que debería estar grabado permanentemente en nuestro corazón. Decía:

> *Buenos días. Soy Dios. Me encargaré de todos tus problemas hoy. No necesito tu ayuda. Así que, deseo que tengas un buen día.*

No obstaculizar los caminos de Dios es la clave para tener un buen día.

El Dador de dádivas perfectas

Dios no es un Padre que se queda con lo suyo egoístamente. Es el Dador de "toda buena dádiva y todo don perfecto" (Santiago 1:17). ¡De tal manera amó Dios al mundo, que ha dado...! Cada fibra de su santo ser está saturado con la generosa disposición para dar. Desde la fragancia de la rosa hasta la suave arena de la playa, su única preocupación es enriquecer la vida de su creación.

El regalo supremo fue su único Hijo. Dio a su "Hijo unigénito" (Juan 3:16). Por amor a nosotros, Dios estuvo dispuesto a dar su mejor posesión y la más amada. "Unigénito" es una palabra clave en este escenario bíblico. Revela la altura, la profundidad y la anchura del amor de Dios. Ningún sacrificio fue demasiado grande para proveernos la fuente de perdón y esperanza. La conexión es absoluta: Él amó; Él dio. Y nosotros cosechamos los beneficios eternos.

Ese mismo ciclo de mayordomía puede funcionar en nuestra vida. Dios promete *suplir* en respuesta a nuestro *servicio*. "Buscad primeramente el reino de Dios y su justicia, y todas estas cosas os serán añadidas" (Mateo 6:33). Debemos recordar varios principios importantes respecto a la provisión divina:

1. Cosechamos lo que invertimos. Eso se ve en todo aspecto de la vida. En la naturaleza, la cosecha viene después de la siembra. En el fútbol, el gol viene después de correr y patear la pelota. En la ciencia, el descubrimiento viene después del experimento. El esfuerzo produce el efecto.

Lo mismo sucede en el ámbito espiritual. La Biblia dice: "El impío gana salario engañoso; pero el que siembra justicia recibe verdadera recompensa" (Proverbios 11:18, *Biblia de las Américas*).

Un miembro de nuestra iglesia, de gran madurez espiritual, estaba contestando llamadas telefónicas en un programa de televisión que yo (Stan) estaba dirigiendo. Una mujer joven llamó para pedir oración por su situación financiera desesperada.

Everet recibió la llamada y, durante el diálogo, le preguntó: "¿Da usted el diezmo?"

"¿Qué es eso?", dijo ella.

Este hombre de fe, de 86 años de edad, pudo explicarle a la afligida joven el principio de devolverle a Dios una déci-

ma parte de sus ingresos en obediencia a la Biblia (Malaquías 3:10).

"Yo comencé cuando era joven y Dios me ha bendecido", le dijo él. "Usted tiene que invertir para esperar algo".

En el reino de Dios, nuestras inversiones resultan en
expectativas. Es un asunto de fe. Invertimos, y luego creemos que Dios dará los dividendos. Puede estar seguro de
que ningún informe financiero en la tierra reflejará mayor
ganancia que la que obtenemos al invertir en el reino de
Dios. Es cierto que la ganancia no siempre se recibe en dinero. Hay mejores ganancias que las monetarias. Paz. Amor.
Gozo. Propósito. Familia. Talentos. La lista de beneficios es
casi interminable. Pero, todo comienza con nuestra inversión personal.

2. *Cosechamos en el tiempo de Dios.* El escritor sapiencial
dijo: "Todo tiene su tiempo, y todo lo que se quiere debajo
del cielo tiene su hora" (Eclesiastés 3:1). En el plano humano, a menudo vivimos controlados por un reloj financiero
predecible. Nos guiamos por informes trimestrales y anua-
les. Marcamos en nuestro calendario el día cuando debemos
pagar los impuestos. En el trabajo, recibimos nuestro pago
cada semana, cada dos semanas o cada mes.

Sin embargo, Dios no sigue necesariamente el mismo
reloj. Él se basa en el "debido tiempo". En 1 Pedro 5:6 se nos
dice: "Humillaos, pues, bajo la poderosa mano de Dios, para
que él os exalte a su *debido tiempo*" (énfasis añadido). Él no
está limitado por el tiempo y el espacio terrenales.
Trasciende los calendarios y las agendas. Ve más allá de lo
inmediato, a largo plazo. En el curso de la historia, sus pro-
fecías y promesas se han dado en el "debido tiempo", en el
horario previsto, en *su* horario. Gálatas 4:4 lo demuestra:
"Pero cuando vino el cumplimiento del tiempo, Dios envió
a su Hijo, nacido de mujer y nacido bajo la Ley". El Mesías
nació en el tiempo previsto según el calendario del cielo, ni
un momento antes ni un momento después.

Dios sabe exactamente lo que necesitamos y cuándo lo
necesitamos. Al invertir en el reino de Dios, quizá no vea-
mos dividendos de inmediato, pero llegarán en el momento
preciso, "en el debido tiempo". Nuestra tarea es obedecer su
Palabra ahora y esperar la ganancia después.

Hace unos años, en un viaje misionero a la India, tuvimos el gozo de ver a la madre Teresa en Calcuta. Mientras estábamos allí, un misionero nos contó la historia de un asistente de la madre Teresa que se había afligido cuando no pudo hablar con esta santa humanitaria. Finalmente, hizo arreglos para hablar con ella durante la planificación de un viaje misionero. Él le mencionó que con gusto pagaría su boleto aéreo si ella le daba unos minutos de su tiempo.

La respuesta de la madre Teresa lo sorprendió. Le aconsejó que si tenía suficiente dinero para comprar un boleto de avión, entonces debía olvidarse del viaje y dar el dinero a los pobres. Luego le dijo que aprendería más al dar ese dinero que pasando tiempo con ella. La generosidad es una maestra poderosa.

Jesús fue el primero en establecer este principio. Cuando un joven rico le preguntó cuál era el secreto de la vida espiritual exitosa, Jesús lo sorprendió respondiéndole: "Si quieres ser perfecto, anda, vende lo que tienes y dalo a los pobres, y tendrás tesoro en el cielo; y ven, sígueme" (Mateo 19:21). La confianza no necesita llevar mucho equipaje. Se apoya fuertemente en los recursos de Dios.

3. *Siempre cosechamos más de lo que invertimos.* Jesús ilustró ese principio en una de sus parábolas, usando el ejemplo de la naturaleza para enseñar una verdad celestial. Habló de la semilla que "cayó en buena tierra, y dio fruto, cuál a ciento, cuál a sesenta y cuál a treinta por uno" (Mateo 13:8).

Huston, otro miembro de nuestra iglesia, era un ejemplo viviente de esa verdad que Jesús enseñó. Al concluir un sermón sobre nuestra responsabilidad respecto a la mayordomía, prometí a la gente que si Dios no bendecía sus diezmos, les devolvería el dinero después de 90 días. Entonces Huston se puso de pie y dijo: "Pastor, yo descubrí el gozo de la mayordomía cuando tenía 25 años de edad. ¡Y cuando se trata de dar, no podemos ganarle a Dios!"

Después, Huston ofreció un reembolso a todo aquel que hiciera la prueba de diezmar por seis meses. Prometió reintegrarles personalmente su dinero si Dios no los bendecía con mucho más. Cada año, durante nuestros siete años de ministerio en esa iglesia, Huston ofreció su "garantía" cuando hacíamos énfasis en la mayordomía. La gente le preguntaba: "Huston, ¿sigue vigente la garantía para este año?" Y él repetía su promesa sin titubear. ¡No nos sorprende que nunca le pidieron el reembolso!

Dios derrama su amor sobre nosotros

El cielo no se ha reducido. Los recursos de Dios no están sujetos a recortes presupuestarios. Así que, cuando uno invierte y espera, puede estar seguro de que recibirá abundantes dividendos. Jesús dijo: "Pues si vosotros, siendo malos, sabéis dar buenas dádivas a vuestros hijos, ¿cuánto más vuestro Padre celestial dará el Espíritu Santo a los que se lo pidan?" (Lucas 11:13). En otras palabras, si los padres terrenales se esfuerzan para suplir las necesidades temporales de sus hijos, ¡cuánto más hará nuestro Padre celestial para suplir nuestras necesidades espirituales!

Pero, sus bendiciones no están limitadas a las necesidades espirituales. Él también desea suplir las necesidades temporales. Es más, Dios ya nos ha prestado la materia prima de la vida: tiempo, salud, familia, amigos, inteligencia, destrezas, posesiones y mucho más. Y debemos administrar responsablemente ese "préstamo". Esto es ser mayordomos de sus recursos, y en esto consiste la mayordomía.

Jesús explicó el concepto de mayordomía en la parábola de los talentos. Relató la historia de un hombre que se fue de viaje, confiando sus bienes a tres siervos. Al primero le dio cinco talentos (un talento era una cuantiosa suma de dinero, equivalente al pago de muchos días de trabajo), al segundo le dio dos talentos, y al tercero le dio sólo uno.

Es interesante ver cómo usaron los siervos lo que se les confió. Cuando regresó el patrón, le dieron un informe. El hombre con cinco talentos había invertido los recursos de su amo y regresó con diez talentos. El segundo retornó con cuatro. Pero el último siervo había escondido su "préstamo", haciendo un hoyo y enterrándolo (véase Mateo 25:14-30). Todos los siervos tuvieron la misma oportunidad, pero no todos actuaron responsablemente.

Hay una historia interesante acerca de un hombre que estaba caminando por las montañas. Al encontrar una antigua bomba de agua, se detuvo para beber. Una taza de hojalata estaba atada a la manigueta de la bomba. Al desatarla, el viajero vio una nota dentro de la taza. Rápidamente la sacó y leyó: "Puede beber el agua de este pozo. Arreglé la bomba y le cambié la arandela. Como ésta se seca, hay que preparar la bomba. Debajo de la roca blanca grande, al oeste del pozo, hay una botella con agua. Hay suficiente agua para preparar la bomba, pero no será suficiente si antes bebe de ella. Derrame un poco de agua en la bomba para mojar la arandela de cuero. Luego vierta el resto del agua y bombee rápido. Pronto tendrá agua".

La nota también decía: "Tenga fe. Este pozo no se secará. Después que haya bombeado toda el agua que desee, llene la botella nuevamente y póngala donde la encontró. Ponga esta nota nuevamente en la taza y átela a la manigueta. Pronto otro viajero sediento pasará por aquí".

Qué cuadro más maravilloso de la provisión de Dios: "El pozo no se secará". Jeremías, el profeta del Antiguo Testamento, lo expresó al escribir las palabras de Dios: "Mi pueblo será saciado de mis bienes" (Jeremías 31:14).

Al dar, crece nuestra fe

Como dijo Huston al ofrecer su "garantía", cuando se trata de dar, no podemos ganarle a Dios. ¡Qué maravillosa oportunidad para establecer un vínculo espiritual y financiero de fe y confianza con esa provisión! Jesús dijo: "Dad y se os dará; medida buena, apretada, remecida y rebosando darán en vuestro regazo, porque con la misma medida con que medís, os volverán a medir" (Lucas 6:38).

La pregunta es, ¿cuán grande es su medida? ¿De qué tamaño es el recipiente espiritual que sumergirá en la provisión de Dios? El tamaño tiene que reflejar fe. Si espera que Dios le dé una ganancia por su inversión, tendrá que elevar su fe al próximo nivel (véase 2 Corintios 9:7-8). Louisa M. R. Stead lo expresó en forma bella en un himno:

¡Oh, cuán dulce es fiar en Cristo, Y entregarse todo a Él;
Esperar en sus promesas, Y en sus sendas serle fiel!
Jesucristo, Jesucristo, Ya tu amor probaste en mí;
Jesucristo, Jesucristo, Siempre quiero fiar en Ti.
Es muy dulce fiar en Cristo Y cumplir su voluntad,
No dudando su palabra, Que es la luz y la verdad.
Siempre en ti confiar yo quiero Mi precioso Salvador;
En la vida y en la muerte Protección me dé tu amor.

—*Gracia y Devoción*, No. 88 (trad., V. Mendoza)

Usted también debe aceptar el "desafío de la generosidad" que el apóstol Pablo le presentó a la iglesia del Nuevo Testamento: "Así como sobresalen en todo —en fe, en palabras, en conocimiento, en dedicación y en su amor hacia nosotros—, procuren también sobresalir en esta gracia de dar" (2 Corintios 8:7, *Nueva Versión Internacional*). Este paso va más allá de la gratitud por la "materia prima de la vida" que nos ha dado Dios. Es el compromiso de devolver una parte —dar para recibir para dar, en un glorioso ciclo de mayordomía.

La iglesia primitiva no sólo aceptó el "desafío de la generosidad", sino que todos se comprometieron a dar de sus recursos siguiendo el plan sugerido por el apóstol Pablo: "Cada primer día de la semana, cada uno de vosotros ponga aparte algo, según haya prosperado, guardándolo, para que cuando yo llegue no se recojan entonces ofrendas" (1 Corintios 16:2).

Ellos no daban sin pensar. Todo estaba planificado. Era sistemático y práctico.

Dar sistemáticamente es una disciplina espiritual: una cantidad predeterminada (el diezmo — una décima parte), en un calendario predeterminado y en un lugar predeterminado (el alfolí — la iglesia). Así como usted, cuando hace ejercicio, repite ciertos movimientos para obtener fortaleza física, también debe repetir ciertos movimientos para obtener fortaleza *espiritual*.

Además, no necesita un gran capital para conectar su fe a la provisión de Dios. En realidad, aunque no tenga dinero, puede dedicar una porción de sus recursos para Dios. Dé su tiempo. Dé sus talentos. Dé su don para animar a otros. Dé sus manos para ayudar a quienes lo necesiten.

Confíe para vivir. Dé proporcionalmente. Dé con generosidad. Dé fielmente. Y luego, espere la recompensa. Es un principio de economía del reino de Dios. En Malaquías 3:10, Dios instruyó: "Traed todos los diezmos al alfolí y haya alimento en mi Casa: Probadme ahora en esto, dice Jehová de los ejércitos, a ver si no os abro las ventanas de los cielos y derramo sobre vosotros bendición hasta que sobreabunde".

¿Se atreverá a confiar en Dios? ¿Se consagrará usted a Él en primer lugar? ¿Le dará toda su vida a cambio de toda la vida de Él? ¿Le confiará sus finanzas? ¿Reconocerá que Dios es la fuente de todas las bendiciones materiales que ha recibido? ¿Confiará en sus promesas, creyendo que Él recompensará su obediencia?

Si es así, ha iniciado el ciclo de la mayordomía victoriosa. Ha tomado el primer paso, de muchos, en un peregrinaje espiritual que le proporcionará gran satisfacción.

Un tiempo después, estábamos en otra convención misionera. Nos habíamos mudado a Tampa, Florida, para empezar una iglesia. Y, aunque desconocíamos la razón, Dios nos mostró que debíamos enviar 50 dólares a los Carter, misioneros entre los indios en Arizona. Linda y yo miramos nuestra chequera y nos quedaban sólo 54 dólares. Aún así, enviamos los 50 dólares. El próximo día volví al correo. Para sorpresa nuestra, mi ex compañero de cuarto en la universidad, J. Michael Walters, que entonces estudiaba en el seminario, nos había enviado una carta, ¡con una ofrenda de 50 dólares! A menudo nos hemos preguntado cómo hizo Dios para que nosotros, con escasos recursos como plantadores de iglesias, enviáramos dinero a misioneros de escasos recursos, y que un seminarista de escasos recursos nos enviara dinero a nosotros. ¡Pero así trabaja Dios!

¿Nos sorprendió esto? ¡Claro que sí! Somos humanos. En el ámbito humano habíamos experimentado las bendiciones de un Dios sobrenatural. Era territorio nuevo para nosotros. Pero, fue una lección que nunca hemos olvidado. Habíamos encomendado nuestro camino al Señor. Confiamos en Él. Y por nuestra inversión, Dios nos dio una ganancia que todavía bendice nuestro corazón después de tantos años.

2

"ENCOMIÉNDATE" PARA CRECER

La mayordomía refleja nuestra actitud hacia lo material

Encomienda a Jehová tu camino, confía en él.
—Salmos 37:5

El comediante norteamericano Jack Benny era conocido por su representación del hombre más tacaño del mundo. En una escena de su show, un asaltante lo apuntaba con un revólver y decía: "¡El dinero o la vida!" Al no recibir respuesta, el asaltante presionaba con el arma en las costillas de Benny, a lo que éste respondía rápidamente: "¡Estoy pensándolo! ¡Estoy pensándolo!"

Benny no es el primero que ha tenido que escoger entre la vida y las posesiones materiales. Sin pensarlo dos veces, algunos han cambiado su vida por plata y oro, o por una tarjeta de crédito. Jesús advirtió: "Mirad, guardaos de toda avaricia, porque la vida del hombre no consiste en la abundancia de los bienes que posee... donde está vuestro tesoro, allí estará también vuestro corazón" (Lucas 12:15, 34).

Encomendar nuestra vida a Dios implica renunciar a algo, sin vacilar, para recibir un bien mayor.

Earl y Hazel Lee declararon: "El acto de encomendarse, o compromiso, es más que una decisión sentimental que cambia nuestra vida dándonos unos días de grandes emociones. Es, más bien, un acto válido de la voluntad que transforma por completo nuestro estilo de vida".

Al reflexionar sobre sus días como misionero en la India, Earl añadió:

Entendí en verdad lo que significa "encomiéndate" cuando leí el salmo 37 en marathi, que llegó a ser nuestro "segundo" idioma cuando vivíamos en la India. Una traducción libre del versículo sería: "¡Entrégale a Dios todo tu ser y todo lo que tienes, ¡con las palmas hacia abajo!" Supongamos que tengo en mi mano un pedazo de tiza y le pido que la tome. Usted entonces recoge la tiza que está sobre mi mano abierta hacia arriba. Encomendarse verdaderamente requiere que yo voltee hacia abajo la palma de mi mano y deje caer en la suya lo que yo tenía. Nada queda en mi mano.[1]

Yo (Linda) debo reconocer que, como maestra, he tenido en mis manos muchos pedazos de tiza. También debo admitir que como esposa y madre cristiana, he luchado para entregarle algunas cosas al Señor. Pero, he descubierto que en las áreas en que hice una entrega a Dios, obtuve victoria espiritual.

Vivimos en una sociedad que compara mucho lo que tenemos y lo que no tenemos. Los comerciales de radio y televisión, las propagandas impresas y los grandes letreros dan un mensaje claro: *Obtenga todo lo que pueda*. Si no tenemos cuidado, esa manera de razonar puede introducirse también en nuestras creencias espirituales. Lo mismo ocurría en el tiempo cuando Jesús ministraba en la tierra. Notemos lo que dice Juan 6:1-14:

Después de esto, Jesús fue al otro lado del mar de Galilea, el de Tiberias. Y lo seguía una gran multitud, porque veían las señales que hacía en los enfermos. Entonces subió Jesús a un monte y se sentó allí con sus discípulos. Y estaba cerca la Pascua, la fiesta de los judíos. Cuando alzó Jesús los ojos y vio que había venido a él una gran multitud, dijo a Felipe: "¿De dónde compraremos pan para que coman estos?"

Pero esto decía para probarlo, porque él sabía lo que iba a hacer. Felipe le respondió: "Doscientos denarios de pan no bastarían para que cada uno de ellos tomara un poco".

Uno de sus discípulos, Andrés, hermano de Simón Pedro, le dijo: "Aquí hay un muchacho que tiene cinco panes de ceba-da y dos pescados; pero ¿qué es esto para tantos?"
Entonces Jesús dijo: "Haced recostar a la gente".

Había mucha hierba en aquel lugar, y se recostaron como en número de cinco mil hombres. Tomó Jesús aquellos panes y, después de dar gracias, los repartió entre los discípulos, y los discípulos entre los que estaban recostados; de igual manera hizo con los pescados, dándoles cuanto querían. Y cuando se saciaron, dijo a sus discípulos: "Recoged los pedazos que sobraron, para que no se pierda nada".

Recogieron, pues, y llenaron doce cestas de pedazos que de los cinco panes de cebada sobraron a los que habían comido. Entonces aquellos hombres, al ver la señal que Jesús había hecho, dijeron: "Verdaderamente este es el Profeta que había de venir al mundo".

Este incidente en la vida de Jesús muestra el contraste entre los que dan y los que toman para sí mismos. Primero, vemos a los que toman para sí mismos: "Y lo seguía una gran multitud, porque veían las señales que hacía". Seguían a Jesús por lo que pensaban que Él podría hacer por ellos. Ya fuera por lo espectacular o por la sanidad que pudiera ofre-cerles, les interesaban más los milagros que la grandeza de Jesús.

Su actitud era opuesta a la del niño que llevó el almuer-zo que su madre le había preparado. Durante toda mi carre-ra como maestra he estado rodeada de cajitas y bolsas con almuerzos. He visto cuán importantes son esos alimentos para los niños, cuyos estómagos están gruñendo y necesitan almorzar y descansar de la rutina del salón de clases.

El niño de la historia de Jesús no tenía un gran almuer-zo, sólo "cinco panes de cebada y dos pescados", pero tenía un gran corazón. Estuvo dispuesto a entregar su almuerzo para que cinco mil personas más pudieran almorzar. Dar lo que tenía fue el inicio de un gran milagro. Jesús bendijo su ofrenda y la multiplicó cinco mil veces.

Jesús no puede bendecir lo que retenemos egoístamente. Sólo puede bendecir lo que le damos.

El enemigo de la fe

El materialismo no consiste tan solo en coleccionar las cosas del mundo. Es pensar como el mundo. El materialismo es una actitud, casi la obsesión de poseer cosas materiales. Juan el apóstol aconsejó a los cristianos: "No améis al mundo ni las cosas que están en el mundo. Si alguno ama al mundo, el amor del Padre no está en él, porque nada de lo que hay en el mundo —los deseos de la carne, los deseos de los ojos y la vanagloria de la vida— proviene del Padre, sino del mundo" (1 Juan 2:15-16).

No hay nada intrínsicamente malo en tener un buen automóvil, vivir en una casa cómoda o vestir a la moda, a menos que esas posesiones nos posean a nosotros; a menos que el procurar esas cosas nos impida buscar una relación más profunda con el Señor. Ese es el verdadero peligro. El materialismo es enemigo de la fe. En lo concerniente a la lealtad de nuestro corazón, remplaza los valores eternos con *objetos de valor* terrenal; considera que lo temporal (o pasajero) es más importante que lo eterno.

Obviamente esta lealtad mal dirigida ha afectado a la iglesia:

Hay razón para alarmarnos por el actual patrón de conducta de los cristianos respecto a la mayordomía. Según la Asociación Cristiana de Mayordomía, los porcentajes que dan los cristianos evangélicos han estado declinando durante 30 años. Win Arn, analista de iglecrecimiento, ha dicho que el adulto promedio de la tercera edad contribuye siete veces más que el promedio de los nacidos poco después de la Segunda Guerra Mundial y los nacidos entre 1965 y 1977. Si esa tendencia continúa, el testimonio de la iglesia podría sufrir.[2]

Jesús dijo: "Mi Reino no es de este mundo" (Juan 18:36). Así que, si lo imitamos a Él (con nuestra vida cristiana),

siempre tomaremos las decisiones —incluyendo las financieras— basándonos en el efecto eterno. Eso no sucederá de
modo natural. Requerirá esfuerzo y práctica concentrada
para buscar lo eterno. El hombre natural (1 Corintios 2:14) se
inclina a pensar más en el "aquí y ahora" que en el "más
allá". Al hombre y a la mujer naturalmente les preocupa
más acumular que distribuir.

Ese egoísmo se remonta al huerto del Edén. Allí, Adán y
Eva aceptaron las sugerencias de Satanás y enfocaron su
atención en los *bienes* más que en la *bondad*. Vale la pena
señalar que, como resultado, perdieron ambos.

El crecimiento espiritual incluye aprender a encomendar
o entregar todo a Dios, incluyendo las posesiones materiales. Randy Cloud escribió acerca de las tradiciones bíblicas
que ilustran esa entrega:

En el sistema de sacrificios del Antiguo Testamento
nadie podía presentarse ante Dios con las manos vacías
(Éxodo 34:20*b*; Deuteronomio 16:16*b*). A los que iban desde
sus hogares, viñedos, campos y rebaños para adorar, se
les instruía que llevaran sus ofrendas generosa y fielmente. Se daban instrucciones claras para incluir a los
que probablemente quedarían marginados. En Deuteronomio 16:11 se da una lista de aquellos a quienes debían incluir en la celebración de la Fiesta de las Semanas.
Ésta celebraba el fin de la cosecha. Era un tiempo para
honrar a Dios con una festividad de gratitud por sus
bendiciones. Cuando se habla de las instrucciones respecto a la observancia, a menudo se pasa por alto una
dimensión. En la celebración y adoración debían incluir,
no sólo a la familia inmediata del adorador, sino también a los siervos, tanto hombres como mujeres; a los
levitas, extranjeros, huérfanos y viudas que vivían entre ellos.[3]

La evidencia de madurez espiritual

La gente de los tiempos bíblicos debía expresar su compromiso con Dios por medio de lo que daban, en vez de lo
que recibían. Debía ser una característica de su madurez

espiritual. El estándar no ha cambiado. Los cristianos del Nuevo Testamento continuaron la tradición con sus ofrendas semanales (véase 1 Corintios 16:1-3).

Un aspecto central de la fe cristiana es reconocer que todas las bendiciones materiales son dadas por Dios; las recibimos de su almacén de amor y compasión. Él es la fuente. La mayordomía es simplemente el canal que trasmite las bendiciones que Él ya ha reservado para nosotros. El notable misionero David Livingston escribió: "No le atribuiré valor alguno a algo que yo posea, excepto en relación con el reino de Cristo. Utilizaré mis posesiones para promover la gloria de Aquel a quien le debo todo".

El enemigo del reino de Dios

Jesús hizo una aguda observación a la iglesia de Laodicea: "Tú dices: Yo soy rico, me he enriquecido y de nada tengo necesidad. Pero no sabes que eres desventurado, miserable, pobre, ciego y estás desnudo" (Apocalipsis 3:17). Acaparar las bendiciones de Dios, en vez de usarlas para extender su reino, resulta en desastre espiritual. Estos son algunos de los efectos:

- Causa división entre los que tienen y los que no tienen.
- Promueve egoísmo en vez de sacrificio.
- Se ignoran las necesidades de los demás.
- Dirige todos los esfuerzos para preservar la condición presente en vez de procurar la expansión.

Cada principio de la Palabra de Dios es para beneficio nuestro: para nuestra bendición espiritual, emocional, física y financiera. El materialismo es totalmente opuesto a la Palabra de Dios. Y, en el proceso, trabaja contra su reino porque no reconoce la economía del reino de Dios.

¿Cómo se puede revertir el espíritu de materialismo en el Reino? Todo comienza con usted.

Primero: *Rehúse distraerse.* Jesús dijo: "Ninguno que, habiendo puesto su mano en el arado, mira hacia atrás es apto para el reino de Dios" (Lucas 9:62). El compromiso de por vida que hizo el apóstol Pablo fue exactamente lo contrario. Él dijo: "Cuantas cosas eran para mí ganancia, las he estimado como pérdida por amor de Cristo. Y ciertamente, aun estimo todas las cosas como pérdida por la excelencia del conocimiento de Cristo Jesús, mi Señor. Por amor a él lo he perdido todo y lo tengo por basura, para ganar a Cristo y ser hallado en él" (Filipenses 3:7-9).

No permita que lo terrenal nuble su visión de lo celestial. Abrazar lo material nos distrae de nuestra verdadera meta. Divide nuestra atención y también nuestra lealtad.

La meta personal de todo cristiano es "buscar primero el reino de Dios". Esto no se puede lograr sin enfoque, y ciertamente no puede lograrse sin entusiasmo. Diezmar (devolver a Dios el 10 por ciento de nuestros ingresos —Malaquías 3:10) es una manera probada y positiva de poner el reino de Dios primero en nuestras finanzas. Es un acto de entrega, como dicen Earl y Hazel Lee, volteando hacia abajo las palmas de nuestras manos.

No hace mucho tiempo, en la Iglesia del Nazareno Trinity de Oklahoma, Bill Burch declaró: "Diezmar es una expresión práctica y bíblica de nuestra total consagración a Dios". ¡Tiene razón! Es una forma de medir nuestra vitalidad espiritual.

Respecto al rey Ezequías, uno de los reyes buenos en la historia de Israel, se escribió: "En todo cuanto emprendió en el servicio de la casa de Dios, de acuerdo con la Ley y los mandamientos, buscó a su Dios, lo hizo de todo corazón, y fue prosperado" (2 Crónicas 31:21). ¿Notó usted el final del versículo? *Y fue prosperado.* Su entrega de corazón resultó en crecimiento personal y material. Cuando él daba, recibía; y, subsecuentemente, cuando recibía, él daba. Practicaba el "ciclo de la mayordomía victoriosa".

Segundo: *Revierta el espíritu de materialismo cultivando la gracia del contentamiento.* Satanás le prometió a Eva que si comía el fruto prohibido en el huerto del Edén, sus ojos serían abiertos y ella sería como Dios. ¡Increíble! Adán y Eva tenían todo lo que podían desear; pero querían más. La codicia es una actitud que puede destruir, en forma personal y colectiva. ¿Tener un garaje para dos autos? ¿Por qué no para tres? ¿Una casa en un buen barrio? ¿Por qué no un apartamento en el Caribe? El materialismo produce descontento. En su libro *The Call to Contentment: Life Lessons from the Beatitudes* (El llamado al contentamiento: Lecciones de las Bienaventuranzas para la vida), los autores Norman Wilson y Jerry Brecheisen escribieron: "Mucho de la religión moderna se centra en lo externo: en hacer o no hacer esto o aquello. Pero uno puede hacer (o no hacer) cientos de cosas y todavía estar años luz lejos del Reino. La Biblia dice que el hombre mira la apariencia externa, pero Dios mira el corazón".[4]

La verdadera felicidad no se encuentra en "hacer" u "obtener". Se halla en encomendar, en entregar lo que no podemos conservar, para recibir aquello que no podemos perder: lo eterno.

El escritor de Hebreos dio un excelente consejo: "Sean vuestras costumbres sin avaricia, contentos con lo que tenéis ahora, pues él dijo: 'No te desampararé ni te dejaré'" (Hebreos 13:5). ¿Estará diciéndonos Dios: "Si me tienen a mí, tienen todo lo que necesitarán"? Creemos que sí. ¡Sabemos que es así! Hemos descubierto que cuando ponemos a Dios en primer lugar en nuestra vida, todo lo demás marcha bien. Y siempre tenemos suficiente.

Tercero: *Para revertir el espíritu de materialismo, comprométase a un plan eterno.* Indudablemente vivimos en el ahora. Como dijimos, Jesús nos aconsejó orar: "El pan nuestro de cada día, dánoslo hoy". Tenemos preocupaciones diarias: familiares, profesionales o de relaciones personales. Proveemos para nuestra familia. Trabajamos una jornada completa para nuestros patrones. Suplimos las necesidades de aquellos que amamos. Es nuestra responsabilidad diaria y la aceptamos con amor. Pero hay otra dimensión: la eterna. Tenemos una obligación espiritual, una tarea asignada por Dios para cumplir un llamado supremo. Se llama la Gran Comisión. En Mateo 28:18-20 leemos: "Jesús se acercó y les habló diciendo: 'Toda potestad me es dada en el cielo y en la tierra. Por tanto, id y haced discípulos a todas las naciones, bautizándolos en el nombre del Padre, del Hijo y del Espíritu Santo, y enseñándoles que guarden todas las cosas que os he mandado. Y yo estoy con vosotros todos los días, hasta el fin del mundo'".

Comprometernos a cumplir esa responsabilidad espiritual y eterna afecta el resto de la vida. Nuestro hogar se convierte en un campo misionero, donde plantamos las semillas del evangelio y alimentamos a aquellos por quienes somos responsables. Nuestra profesión provee un ingreso que podemos utilizar para edificar el reino de Dios mediante la iglesia local, nacional o internacional. Aun las relaciones interpersonales nos edifican y apoyan, ayudándonos a cumplir el deber de alcanzar al mundo para Cristo.

Recibimos a fin de dar. El Dr. Paul Cunningham declaró lo siguiente en una asamblea de distrito: "Dar es sólo un paso en dirección al compromiso total, que es la esencia de la vida de santidad". La generosidad concuerda con el carácter del Salvador. A los que Él llamó, les pidió que hicieran un compromiso personal para el beneficio de otros. Jesús dijo: "Si alguien quiere venir en pos de mí, niéguese a sí mismo, tome su cruz y sígame" (Mateo 16:24).

Nuestra vida es el regalo de Dios para nosotros; lo que hacemos con ella es nuestro regalo para Él. Una de las grandes historias en el Nuevo Testamento es la de la viuda que ofrendó todo lo que poseía:

> *Estando Jesús sentado delante del arca de la ofrenda, miraba cómo el pueblo echaba dinero en el arca; y muchos ricos echaban mucho. Y vino una viuda pobre y echó dos blancas, o sea, un cuadrante.*
>
> *Entonces, llamando a sus discípulos, les dijo: "De cierto os digo que esta viuda pobre echó más que todos los que han echado en el arca, porque todos han echado de lo que les sobra, pero esta, de su pobreza echó todo lo que tenía, todo su sustento"*
(Marcos 12:41-44).

Nuestra mayordomía y nuestro vivir van tomados de la mano. Lo que estamos dispuestos a compartir indica lo que es más importante para nosotros.

La evidencia de devoción

Se cuenta que dos pastores hablaban de sus congregaciones. "Todos los miembros de mi iglesia diezman", alardeó uno de ellos.

Su sorprendido colega preguntó: "¿Todos los miembros de la iglesia dan el 10 por ciento?"

"Bueno, no exactamente", respondió el pastor. "Sólo el 50 por ciento pone su diezmo en el plato de las ofrendas. Dios se encarga de cobrarles a los demás".

El punto es este: No podemos engañar a Dios. Cuando no le damos lo que deberíamos, nos perjudicamos a nosotros mismos.

Retener los recursos de Dios acarrea consecuencias. Pero éstas no siempre son financieras. Nuestro egoísmo resulta en retroceso espiritual. Nos priva de la victoria que produce la obediencia. Nos impide disfrutar la bendición de suplir las necesidades de otros. Y obstaculiza a la organización que fue dada para ayudarnos a crecer en la fe: la iglesia.

Cuando diezmamos, es obvio que se nos ha confrontado con las enseñanzas de la Palabra de Dios y hemos aceptado nuestra responsabilidad. El resultado es que damos testimonio de nuestra devoción al Señor Jesucristo.

Hay otro resultado: avivamiento. Los que están comprometidos a crecer, encomendando su camino al Señor, experimentarán la renovación espiritual en su vida.

Una historia en la publicación *Wit & Wisdom* (Perspicacia y sabiduría) ilustra las ventajas de confiar en Dios respecto a la mayordomía. Un desconocido llegó a la oficina del pastor de una iglesia que estaba sufriendo problemas económicos. Para sorpresa del pastor, el visitante le dijo que se había enterado de la necesidad de la iglesia y, poniendo un cheque en blanco sobre el escritorio, dijo: "Escriba la cantidad, no importa cuánto necesiten. Regresaré luego para firmarlo".

Después que el hombre se fue, el pastor sostuvo el cheque en sus manos. "¿Acaso no sabe él que la deuda es enorme? Es imposible que espere que pongamos la cantidad total". No queriendo aprovecharse del generoso desconocido, el pastor escribió en el cheque una cifra que representaba sólo una parte de la necesidad de la iglesia. Pronto el visitante regresó y dijo: "¿Dónde está el cheque? Estoy aquí para firmarlo". Firmó el cheque sin titubear y se lo entregó al pastor.

Después el pastor supo que aquel visitante era realmente un filántropo muy rico. Toda la deuda de la iglesia pudo haberse borrado si él hubiera escrito la suma completa.[5]

Sembrar es la clave para el crecimiento, como muestra el relato bíblico de Abraham e Isaac. La obediencia de Abraham a Dios —su disposición para escribir una cantidad en el cheque en blanco de Dios— resultó en bendiciones que se extendieron a su familia. "Sembró Isaac en aquella tierra, y cosechó aquel año el ciento por uno; y lo bendijo Jehová. Se enriqueció y fue prosperado, y se engrandeció hasta hacerse muy poderoso" (Génesis 26.12 13).

¿Acaso todo acto de obediencia a Dios se convierte en dinero en el banco? Claro que no. Muchos factores influyen en nuestros ingresos, incluyendo capacidades, educación, perseverancia y oportunidades. Pero la obediencia añade a nuestra riqueza espiritual. Somos más ricos en fe, más capaces de confiar en Dios para recibir mayores bendiciones. Y llegamos a ser más ricos en nuestra influencia.

Joseph P. Blank escribió acerca de un vendedor a domicilio llamado Herbie Worth. Él sólo contaba con un pequeño ingreso vendiendo artículos para la casa, pero era conocido por sus actos de generosidad hacia los vecinos, ayudándolos con pequeñas reparaciones y haciéndoles mandados.

Herbie murió sin tener ningún familiar que pudiera ir a su funeral. Blank relata:

Al leer el obituario de Herbie en el diario matutino, sus clientes y conocidos en todo Indianápolis reflexionaban respecto a este hombre humilde. Los vecinos intercambiaban historias acerca de pequeños actos de amabilidad que Herbie Worth había realizado. Las amas de casa recordaban su puntualidad cuando iba a las casas. "Él no tiene a nadie", se decían unos a otros. "Qué triste, ¿no? Creo que iré a su funeral".

Fue así como, en una fría mañana de febrero de 1971, más de mil personas se reunieron en el Cementerio Crown Hill de Indianápolis para asistir al funeral de Herbie Worth. Este modesto vendedor a domicilio nunca se habría imaginado a cuántas personas influyó.[6]

A. W. Tozer escribió: "Una de las mayores tragedias del mundo es que permitimos que nuestros corazones se encojan, hasta quedar muy poco lugar en ellos excepto para nosotros mismos". Cuando nos comprometemos a crecer en nuestra mayordomía —encomendando nuestro camino a Dios y, a cambio, confiando en sus beneficios para nosotros—, no sólo experimentamos madurez espiritual sino que levantamos las cargas de otros y producimos crecimiento en el reino de Dios.

¿Hay algo que usted está reteniendo, pero que en realidad lo está reteniendo a usted? ¿Tiene posesiones que lo están poseyendo? Entonces, este principio del ciclo de la mayordomía cristiana victoriosa puede transformar su vida. Usted puede ser liberado del materialismo. ¿Cómo? Aprenda a encomendar su vida a Dios: Cambie las cosas que valora por algo aún más valioso.

Recuerde las palabras del apóstol: "Ciertamente, aun estimo todas las cosas como pérdida por la excelencia del conocimiento de Cristo Jesús, mi Señor. Por amor a él lo he perdido todo y lo tengo por basura, para ganar a Cristo" (Filipenses 3:8).

Ese acto de entrega resultará en un vivir victorioso.

3

"DELÉITATE" EN DAR

La mayordomía es un acto de compañerismo cristiano

Deléitate asimismo en Jehová
y él te concederá las peticiones de tu corazón.
—Salmos 37:4

Si usted está cerca de nuestro amigo Steve Weber por un tiempo, probablemente le oiga decir: "Si quiere cambiar lo que recibe, cambie lo que da".

Dar es una bendición, más que una carga. Jesús lo enseñó: "Dad y se os dará" (Lucas 6:38). Millones de personas han confirmado este principio en su vida. No creo que encontremos a alguien que lamente haber obedecido los principios de la Palabra de Dios respecto a la mayordomía. Sin embargo, encontrará a quienes lamentan no haberla puesto en práctica mucho antes.

¿Por qué? Cuando damos, Dios nos recompensa abiertamente, y eso se refleja en nuestro diario vivir. Sólo un padre terrenal cruel disciplinaría a su hijo por hacer lo que él le pidió. Los padres se regocijan al ver la obediencia de sus hijos y generalmente los recompensan por ello. Si eso sucede en las relaciones familiares, ¡cuánto más en la relación con nuestro Padre celestial!

Cada vez que nos alineamos con la voluntad del Padre, como resultado, experimentamos una gran bendición. Quizá requiera disciplina y, en algunos casos, sacrificio; pero el resultado siempre muestra que el esfuerzo valió la

pena. Si uno lo piensa bien, es un desafío darle algo a Dios.
Por ejemplo, si alguna vez le ha sido difícil escoger un regalo para su papá en el Día del Padre, piense en el apuro de
Adán en el huerto del Edén. ¿Qué se le puede dar a alguien
que no sólo *es* todo sino que lo *posee* todo? Esa combinación
en verdad nos intimidaría. Pero, como hemos visto, la viuda
que dio sólo dos monedas pequeñas, mientras que otros
daban mucho más, agradó a su Padre celestial. Él se interesa tanto en la actitud de nuestro corazón como en la cantidad que damos. Además, el principio de la décima parte
(dar a Dios el "diezmo" para devolverle el 10 por ciento de
lo que Él nos ha provisto) nos pone a todos "en el mismo
bote" respecto a la mayordomía.

Dar es un deleite.

Earl y Hazel Lee nos recuerdan: "El deleite... es una actitud del espíritu". Luego agregan: "Cuando nos deleitamos
en el Señor, alzamos nuestros ojos a Él con un propósito
deliberado. Es asunto de la voluntad, y no de las emociones.
Pero, a menudo afecta positivamente las emociones... Las
dimensiones del deleite son en verdad ilimitadas. Como las
ondas que avanzan en círculos en un lago, el deleite llega
hasta la orilla misma del cielo".[1]

Deleitarse en dar es también una actitud del corazón,
una actitud intencional. Dar con resentimiento es una carga.
Es un peso que arrastra al espíritu. La única recompensa que
obtiene es un recibo o el reconocimiento personal. Dar con
regocijo eleva el espíritu. Dirige la mirada por encima del
plato de ofrenda, hacia los cielos. Y allí alaba al Dios de la
gracia y de los dones, que no escatimó nada para enriquecer
la vida de sus hijos.

Recibamos la bondad de Dios

Es más difícil darle algo al que es tacaño que al genero-
so. Obviamente, Dios no es tacaño. El apóstol Pablo escribió:
"Por lo cual os ruego que confirméis el amor hacia él" (2
Corintios 2:8). La mayordomía simplemente recalca nuestra

gratitud a Dios por los dones que nos prodiga. Por supuesto, el mayor regalo de Dios fue su único Hijo, el Señor Jesucristo. Por medio de ese acto supremo y desinteresado, todos recibimos la bondad de Dios. La gracia, la salvación, la santidad, el cielo —un ciclo de interminable provisión comenzó en Belén con el nacimiento del Niño Cristo. "De su plenitud recibimos todos, y gracia sobre gracia" (Juan 1:16). Pablo escribió: "Porque en él habita corporalmente toda la plenitud de la divinidad, y vosotros estáis completos en él, que es la cabeza de todo principado y potestad" (Colosenses 2:9-10). Nótese: "recibimos todos" y "vosotros estáis completos". A nadie se le deja fuera. Ningún hijo queda sin su herencia celestial.

Pero hay más. El dar continúa. Cada nuevo día nos inunda con la bondad de Dios. Cada bocanada de aire que respiramos es un silencioso aleluya. Y la belleza de su creación es una tarjeta postal del cielo. Las montañas y las praderas, las corrientes y los ríos, los lagos y los océanos, las flores y los arbustos —cada escenario en la Tierra es un recordatorio de que Dios no escatimó nada para mostrarnos su amor.

¿Qué podemos darle a cambio? Podemos ofrecerle nuestra adoración. Jesús nos dice a través del apóstol Juan: "Temed a Dios y dadle gloria, porque la hora de su juicio ha llegado. Adorad a aquel que hizo el cielo y la tierra, el mar y las fuentes de las aguas" (Apocalipsis 14:7).

Las iglesias neotestamentarias de Macedonia ejemplifican el don de la adoración en una manera vívida. Pablo escribió en 2 Corintios 8:1-5:

Asimismo, hermanos, os hacemos saber la gracia de Dios que se ha dado a las iglesias de Macedonia, porque, en las grandes tribulaciones con que han sido probadas, la abundancia de su gozo y su profunda pobreza abundaron en riquezas de su generosidad. Doy testimonio de que con agrado han dado conforme a sus fuerzas, y aun más allá de sus fuerzas, pidiéndonos con muchos ruegos que les concediéramos el privilegio de participar en este servicio para los santos. Y no como lo

esperábamos, sino que a sí mismos se dieron primeramente al
Señor y luego a nosotros, por la voluntad de Dios.

John F. MacArthur, Jr., ofrece el siguiente comentario de
lo escrito por Pablo:

El apóstol esperaba tan solo una ofrenda monetaria,
pero las iglesias de Macedonia se dieron a sí mismas —
todo lo que tenían— en un acto de entrega total. Esto
demostró que su prioridad era poner lo que poseían
completamente a la disposición y bajo el control del
Señor. Tal actitud, respaldada por el acto mismo de dar,
es en verdad el acto supremo de adoración.[2]

De hecho, Pablo dice que darnos a nosotros mismos —
cuerpo, alma y mente— al propósito de Dios es otra manera
de expresar nuestra gratitud por su bondad. "Por lo tanto,
hermanos, os ruego por las misericordias de Dios que pre-
sentéis vuestros cuerpos como sacrificio vivo, santo, agradable a Dios, que es vuestro verdadero culto" (Romanos 12:1).
Nuestro mayor regalo a Dios es un corazón rendido. La lealtad personal a su voluntad, su Palabra y sus caminos es la
mejor manera de expresar firmemente nuestro amor a Él.

> *Aquí en tu altar, mi Señor y Dios,*
>   *Acepta hoy mi ofrenda en el nombre de Jesús.*
> *No tengo joyas para adornar tu santuario,*
>   *Ningún gran sacrificio que realizar.*
> *Traigo entre mis manos temblorosas*
>   *Mi voluntad, algo que parece pequeño:*
> *Sin embargo, sólo tú puedes entender*
>   *Que cuando la rindo a ti, ¡te rindo todo!*[3]

Los actos de servicio también expresan nuestro amor. Ya
sea que ayudemos en un refugio para personas sin hogar,
sirvamos en un comité de la iglesia local, cantemos en un
grupo de alabanza o enseñemos en la escuela dominical,
nuestro servicio es realmente una forma de adoración. Junto
con las ofrendas monetarias, servir nos provee un medio
para expresarle a Dios nuestro agradecimiento por todos sus
beneficios en nuestro favor. Lo que *podemos* hacer, *tenemos*
que hacerlo. La madre Teresa dijo: "Sé que Dios no me dará

nada que yo no pueda realizar. Sólo quisiera que Él no me confiara tanto".

Pablo también le recordó a la iglesia el regocijo que produce hablar de la fidelidad de Dios. En 2 Corintios 9:7-15 leemos:

Cada uno dé como propuso en su corazón: no con tristeza ni por obligación, porque Dios ama al dador alegre. Y poderoso es Dios para hacer que abunde en vosotros toda gracia, a fin de que, teniendo siempre en todas las cosas todo lo necesario, abundéis para toda buena obra; como está escrito: "Repartió, dio a los pobres, su justicia permanece para siempre".

Y el que da semilla al que siembra y pan al que come, proveerá y multiplicará vuestra sementera y aumentará los frutos de vuestra justicia, para que seáis ricos en todo para toda generosidad, la cual produce, por medio de nosotros, acción de gracias a Dios, porque la entrega de este servicio no solamente suple lo que a los santos falta, sino que también abunda en muchas acciones de gracias a Dios. Ellos, por la experiencia de este servicio glorifican a Dios por la obediencia que profesáis al evangelio de Cristo, y por la generosidad de vuestra contribución para ellos y para todos. De igual manera, en su oración a favor de vosotros, os aman a causa de la superabundante gracia de Dios en vosotros. ¡Gracias a Dios por su don inefable!

Dar no duele. ¡Nos hace sentir bien!

Bendecidos para bendecir

Dios no nos da sus beneficios para que los depositemos en la cuenta de un banco suizo y no los toquemos más. Nos los distribuye como parte de su gran ciclo de mayordomía. Él dio para que pudiéramos dar. Todo empieza con Dios. Él es el Dador de la riqueza. "Toda buena dádiva y todo don perfecto desciende de lo alto, del Padre de las luces, en el cual no hay mudanza ni sombra de variación" (Santiago 1:17). Dios es la fuente eterna de donde fluyen todas nuestras bendiciones. De su corazón lleno de amor, Él da sin cesar. Y los que responden amándolo a Él, reflejarán ese mismo espíritu.

Yo contaba mi dinero mientras Dios contaba cruces,
Yo contaba ganancias mientras Él contaba pérdidas;
Yo juzgaba mi valía por las cosas que acumulaba,
Pero Él me valoraba por las cicatrices que yo llevaba.
Yo codiciaba honores y buscaba títulos;
Él lloraba por el poco tiempo que yo pasaba de rodillas.
Nunca supe — hasta un día, al lado de una tumba —,
Cuán vano es todo lo que procuramos obtener en la vida.
No sabía — hasta que un amigo subió al cielo —
Que más rico es aquél que posee el amor de Dios.[4]

Dios quiere también que la riqueza que Él da se manten-
ga en circulación. El escritor sapiencial lamentó: "Hay un
mal doloroso que he visto debajo del sol: las riquezas guar-
dadas por sus dueños para su propio mal" (Eclesiastés 5:13).
Entristecemos a Dios cuando actuamos como niños egoístas,
negándonos a compartir nuestros dulces. Dios nos da para
que podamos dar a otros. Nuestras bendiciones no deben
permanecer almacenadas por largo tiempo. ¡Debemos dis-
tribuirlas mientras están aún frescas en nuestro corazón! Un
proverbio persa dice: "Lo que guardé, lo perdí; lo que gasté,
lo tuve; lo que di, lo tengo". Sólo en la economía de Dios se
nos garantizan ganancias por nuestra inversión. Lo que
damos, regresa a nosotros.

La iglesia es un gran centro de distribución. A medida
que la riqueza de Dios fluye en la vida de los creyentes, debe
compartirse con los necesitados. La iglesia primitiva practi-
có este importante principio. Hechos 2:44-45 relata: "Todos
los que habían creído estaban juntos y tenían en común
todas las cosas: vendían sus propiedades y sus bienes y lo
repartían a todos según la necesidad de cada uno". No se
trataba de una forma de socialismo, ¡era una evidencia de la
salvación! Eran personas que antes tenían una gran necesidad: ser salvadas de su pecado. Y, en agradecimiento por el
perdón de Dios y la restauración de sus vidas —al comprender el regalo espiritual de la gracia de Dios—, comenzaron
un ciclo de mayordomía que les permitió suplir las necesidades temporales de los que estaban a su alrededor.

Talmadge Johnson dijo en nuestra iglesia: "Lo que determina la grandeza de una iglesia no es lo que recibe, sino lo que da". Históricamente, muchas iglesias empezaron como misiones donde la gente recibía alimento, ropa y albergue. En muchos locales del país, la sopa, los cantos y los sermones estaban interconectados. Donde se suplían las necesidades temporales y espirituales, los creyentes se organizaban como asambleas locales, y tiempo después, como denominaciones. El ciclo de mayordomía que comenzó en la iglesia del Nuevo Testamento, ha continuado por 20 siglos.

Demos para cambiar el mundo

Respecto a los creyentes del Nuevo Testamento, se dijo que por su amor se conocería que eran cristianos. La generosa consideración y el amor del uno por el otro harían que se distinguiera su fe en Cristo.

¡El mundo aún nos observa! Quiere saber si nuestra fe se traduce en "acción". ¿Está satisfecha nuestra fe tras las puertas cerradas de la iglesia, o está dispuesta a ir por el "camino a Jericó", deteniéndose para vendar al herido como lo hizo el Buen Samaritano (véase Lucas 10:30-37). ¿Está dispuesta a dejar un cheque en blanco como lo hizo él, para cuidar del hombre golpeado y maltratado por los ladrones? Gracias a Dios, la iglesia está respondiendo en forma positiva.

Los creyentes cristianos son los más generosos, y así debe ser. El dar protege a la iglesia del egoísmo. Jesús dijo claramente: "Al que te pida, dale; y al que quiera tomar de ti prestado, no se lo niegues" (Mateo 5:42). La mayordomía cristiana prevé. Y actúa rápidamente para suplir las necesidades de otros, como lo hizo el Maestro.

Steve Farrar sostiene que básicamente todos somos egoístas, incluso los cristianos:

Los bebés no son sólo las criaturas más lindas sobre la faz de la tierra; son, en gran medida, las más egoístas... Para lidiar con mi egoísmo, Dios me da a alguien a quien debo servir y que no tiene ningún interés en servirme a mí. Nadie puede decirme que Dios no tiene sentido del humor. Pocas personas en el mundo son más egoístas que yo. Pero, cada vez que hemos tenido un bebé, he encontrado a alguien que me supera. Cada uno de mis hijos se parecía a mí. No me refiero al aspecto físico. Quiero decir que eran tan egoístas como yo. Eso significaba que alguien en la familia tenía que madurar. ¿Adivina a quién le tocaba esa responsabilidad?[5]

Dar para recibir —para volver a dar— es la manera ideal de romper las cadenas del egoísmo. Este "diario personal" humorístico lo ejemplifica:

Dios,
La calcomanía en el auto dice: "Sonríe si amas a Jesús";
Así que sonreí todo el día
Y la gente pensó que yo trabajaba para Jimmy Carter.
La calcomanía decía: "Toca la bocina si amas a Jesús";
Así que la toqué... y un policía me arrestó
Por perturbar la paz cerca de un hospital.
Las calcomanías decían: "Salude con la mano si ama a Jesús";
Así que saludé con las dos manos,
Pero perdí el control del auto
Y me estrellé contra el autobús de una iglesia bautista.
Dios,
Si no puedo sonreír... ni tocar la bocina... ni saludar...
¿Cómo sabrá Jesús que lo amo?
Si usted ama a Jesús, diezme... Tocar la bocina es muy fácil.[6]

La "vida fácil del creyente" es una enfermedad trágica de la iglesia moderna: obtener algo por nada, ir a la iglesia por "el espectáculo" en vez de la adoración genuina. Es posible formar una generación de cristianos mimados, que creen tener derecho a las bendiciones de Dios, cuando en realidad nadie las merece. Pablo declaró: "Yo soy el más pequeño de los apóstoles, y no soy digno de ser llamado apóstol, porque perseguí a la iglesia de Dios. Pero por la gracia de Dios soy lo que soy; y su gracia no ha sido en vano para conmigo, antes he trabajado más que todos ellos; aunque no yo, sino la gracia de Dios que está conmigo" (1 Corintios 15:9-10).

El compositor de himnos John Newton fue un comerciante de esclavos que recibió el perdón de Dios en forma gloriosa. Sus conocidas palabras reflejan la gratitud de su corazón a Dios:

> *Sublime gracia del Señor*
> *Que un infeliz salvó;*
> *Fui ciego mas hoy miro yo,*
> *Perdido y Él me halló.*

La mayordomía es una manera maravillosa de "ejercitar" y fortalecer nuestra fe, a la vez que *la damos*.

Ralph Waldo Emerson escribió: "Una de las más bellas compensaciones de esta vida es que ningún hombre puede tratar sinceramente de ayudar a otro sin ayudarse a sí mismo". Nuestra generosidad no sólo contribuye a aliviar la carga de otra persona, ¡también aligera la nuestra! Esto ocurre al ofrecer nuestros regalos de amor. Por eso el regalo ideal es uno mismo: lo que somos y lo que podemos hacer por otros.

Ese es el regalo más duradero. Quizá haya escuchado la clásica historia del marido avaro que guardaba todo su dinero en una vasija en la despensa. En su lecho de muerte, le ordenó a la esposa que colocara el dinero en el ataúd. Al morir él, la esposa —que se había sacrificado durante toda su vida de casada por la tacañería de su esposo— sacó el dinero de la vasija y lo depositó en su cuenta bancaria. Entonces, respondiendo a la petición del esposo, escribió un cheque por la suma total que halló en la vasija y lo puso en las manos de su finado esposo.

Dar no es cosa de una sola vez. Tiene un efecto continuo.

Elevemos el nivel

Usted ha oído hablar de "elevar el nivel". Se refiere a las acciones de alguien que ha establecido un estándar. Las acciones de otros se medirán en relación a las acciones de esa persona. El "ciclo de la mayordomía victoriosa" hace precisamente eso. Cuando aplicamos el principio de *dar, recibir* y *volver a dar*, elevamos el estándar para otros creyentes.

La Biblia nos recuerda: "De hacer el bien y de la ayuda mutua no os olvidéis, porque de tales sacrificios se agrada Dios" (Hebreos 13:16).

Entonces, compartir es el estándar. Dios ya estableció el nivel. Sin embargo, su pueblo reacciona a ese estándar en maneras diferentes, elevando su estándar personal y estableciendo su propio nivel al dar. Ciertamente, nunca alcanzaremos el estándar que Dios estableció. Es imposible que podamos dar tanto como Él. Pero podemos dar de la misma manera:

> Con sacrificio
> Con determinación
> Con amor
> Con alegría

Lamentablemente, algunos dan a regañadientes. Charles Swindoll escribió sobre un niño que tenía un juguete gastado por el uso. Cuando dejó ese juguete de lado, su hermanita llegó y quiso jugar con éste. Entonces el niño lo tomó nuevamente aunque en realidad no le interesaba. El padre tuvo que convencerlo para que se lo prestara a su hermanita. Swindoll dice: "Eso ilustra lo que es dar 'a regañadientes'. No obstante, lo asombroso es que para recaudar fondos, el método usual es hacer que las personas se sientan obligadas a dar. Como verá, la obligación produce resistencia. Cuando a uno lo obligan a hacer algo, está más reacio a ceder".[7]

Otros dan por obligación: Escriben los cheques con la mano, pero no con el corazón. Sienten que deben hacerlo, pero no es algo que desean hacer. Un viejo proverbio ilustra esa manera de dar: "Quien da cuando se lo piden, ya esperó demasiado".

Pero, hay una manera totalmente diferente de dar: un dar que nos alegra, que enciende el corazón al aliviar la carga de otros; un dar que fluye de nuestro interior como una fuente espiritual, refrescando el alma, alentando el espíritu y fortaleciendo la fe. Eso es dar de gracia.

En una cruzada en la ciudad de Oklahoma, Billy Graham afirmó: "Dios nos ha dado dos manos, una para recibir y otra para dar. No somos cisternas creadas para acumular; somos canales hechos para compartir". Por tanto, vemos que tanto el "dar a regañadientes" como el "dar por obligación" no son naturales. Surgen de la parte rebelde de la naturaleza que heredamos como resultado del pecado de Adán.

"Dar de gracia" nos libera. Es una manera de contrarrestar los terribles efectos de la rebelión de Adán contra las leyes divinas de la vida y el vivir. El dinero es la prueba determinante de la obediencia y el discipulado radicales.

En un sentido, con el ciclo de la mayordomía usted puede romper el ciclo de la desesperación causada por el primer pecado de la humanidad, juntamente con el dolor y la pena que lo acompañan. Por medio de su generosidad y deleite al dar, no sólo expresa su amor a Dios, sino la obediencia a la voluntad y a los caminos divinos. Revierte así los efectos del pecado y refuerza los efectos de la salvación.

Tom Phillippe (amigo de Stan), ministro del evangelio y empresario, ha utilizado sus dones para pastorear, para ministrar por un tiempo como evangelista asociado con Billy Graham, y también para trabajar en el mundo de los negocios. Fundó una compañía relacionada con el cuidado médico, llamada *Nationwide Management*, que tenía más de 4,000 empleados en 30 establecimientos en los Estados Unidos. El Dr. Phillippe y su esposa, Joan, son también conocidos por sus obras filantrópicas. Centenares de organizaciones cristianas han sido bendecidas por el deleite que ellos sienten al dar generosamente.

En una biografía, escrita con motivo de las Bodas de Oro de la pareja, se citan estas palabras de Phillippe: "Aprendí que yo no debía ser depósito ni balde, sino un conducto. Dios derramaría sus bendiciones en mi vida mientras yo estuviera dispuesto a derramarlas a un mundo perdido".[8]

Ser un "conducto" al dar constituye una mayordomía que deleita. Se manifiesta en la comunidad cristiana y está enfocada en Dios. Es la mayordomía que nace del corazón agradecido por la fidelidad de Dios. Ama el dar porque Dios dio con amor.

Todo aquel que confiese que Jesús es el Hijo de Dios, Dios permanece en él y él en Dios. Y nosotros hemos conocido y creído el amor que Dios tiene para con nosotros. Dios es amor, y el que permanece en amor permanece en Dios y Dios en él. En esto se ha perfeccionado el amor en nosotros, para que tengamos confianza en el día del juicio, pues como él es, así somos nosotros en este mundo. En el amor no hay temor, sino que el perfecto amor echa fuera el temor, porque el temor lleva en sí castigo. De donde el que teme, no ha sido perfeccionado en el amor. Nosotros lo amamos a él porque él nos amó primero (1 Juan 4:15-19).

"GUARDA SILENCIO" PARA HEREDAR

La mayordomía reporta dividendos eternos

Guarda silencio ante Jehová y espera en él.
No te alteres con motivo del que prospera
en su camino, por el hombre que hace lo malo.
—Salmos 37:7

Hace muchos años, cuando ministrábamos en el equipo de John C. Maxwell en Lancaster, Ohio, tuvimos el privilegio de escuchar a E. Stanley Jones. Este destacado misionero dijo algo tan significativo que yo (Stan) escribí su declaración en la primera página de mi Nuevo Testamento. Esto fue lo que dijo:

Estoy diseñado internamente para tener fe, no para temer. Mi tierra natal no es el miedo, sino la fe. Estoy hecho de tal forma que la preocupación y la ansiedad son arena en la maquinaria de la vida; la fe es el aceite. Vivo mejor por la fe y la confianza, que por el temor, la duda y la ansiedad. En medio de la ansiedad y la preocupación, mi ser lucha por respirar — no es mi aire natural. Pero en medio de la fe y la confianza, respiro libremente — ése es mi aire natural.

Este es el vivo retrato de una persona que ha aprendido a confiar en Dios, sin importar las circunstancias o lo que la rodee. Esta confianza se forma sobre la obediencia a la Palabra de Dios. El efecto fundamental del ciclo de la mayordomía es el reposo espiritual, al creer en las promesas de Dios.

En *El ciclo de la vida victoriosa*, Earl y Hazel Lee presentan una perspectiva maravillosa de la importancia del reposo espiritual: "En el salmo 37, guardar silencio implica un descanso *activo*. Dios habla; yo escucho y obedezco. Y con cada situación nueva, sigo el ciclo hacia la etapa del reposo interior ["guardar silencio"]. Esto consiste en descanso de la fricción, y no de la acción. El mayor Shupp, de la Infantería de Marina de los Estados Unidos, dijo: 'Si podemos leerlo, lo podemos hacer'. En la acción hallamos descanso, cuando la realizamos con el Señor".[1]

El salmista nos enseña a esperar "pacientemente". El hijo de Dios está esperando el telón final. Esta etapa de la vida a menudo está llena de acción y agitación, pero Dios tiene bajo su control el último acto. Las cuerdas para bajar el telón final están en sus manos.

Sin embargo, la espera no es pasiva. Es activa. Debemos hacer la voluntad y la obra de Dios mientras esperamos el regreso de su Hijo, el Señor Jesucristo. Como dicen los Lee: "En la acción hallamos descanso, cuando la realizamos con el Señor".

Y, como resultado de esa *acción*, recibimos nuestra *heredad*.

La gran promesa de Dios

Lo que "recibimos" espiritualmente es producto de lo que "damos". Lo vemos en el Antiguo Testamento: "Que Jehová pague a cada uno según su justicia y su lealtad" (1 Samuel 26:23). Y lo vemos también en el Nuevo Testamento: "Bendito el Dios y Padre de nuestro Señor Jesucristo, que según su gran misericordia nos hizo renacer para una esperanza viva, por la resurrección de Jesucristo de los muertos, para una herencia incorruptible, incontaminada e inmarchitable, reservada en los cielos para vosotros" (1 Pedro 1:3-4).

Norman Wilson, autor y evangelista radial, desde el púlpito de la Iglesia Trinity declaró: "La mayoría de la gente en el mundo mira hacia el futuro y ve un fin sin esperanza. El creyente mira hacia el futuro y ve una esperanza sin fin". Dios ha reservado lo mejor para el final. Nuestro sacrificio y servicio espiritual en la tierra no puede, de ninguna manera, compararse con las bendiciones eternas que Dios ha reservado para nosotros.

De cualquier manera salimos ganando. ¡Piénselo! Si vive en obediencia a la Palabra de Dios en la tierra, recibirá perdón, paz, gozo, compañerismo, propósito y provisión. ¡Y al final de su vida, irá al cielo!

¡Qué maravillosa esperanza!

De principio a fin Dios le ha cubierto con su bendición. Hebreos 11:6 dice: "Pero sin fe es imposible agradar a Dios, porque es necesario que el que se acerca a Dios crea que él existe y que recompensa a los que lo buscan". Usted ha clavado una estaca espiritual en el terreno de esa promesa, y Él recompensa a los que lo buscan con fervor.

Pero, no olvide los beneficios "a lo largo del camino". Como el hermoso himno de Thomas O. Chisholm expresa: "Oh, tu fidelidad, cada momento la veo en mí". Cada día es un regalo del cielo que Dios nos entrega personalmente. Nuestra mayordomía es el acto de abrir ese regalo.

Dios es quien recompensa. Y lo hace de acuerdo a su tiempo (véase Juan 11:21). Además, su recompensa no siempre es monetaria. El salmista escribió: "Porque sol y escudo es Jehová Dios; gracia y gloria dará Jehová. No quitará el bien a los que andan en integridad" (Salmos 84:11).

Piense en todo lo que incluye ese "bien". ¿Se ha olvidado de algo? Piense otra vez. A veces lo que abarca el "bien" no es lo primero que viene a nuestra mente.

Un abrazo.

Un beso en la mañana.

El amanecer.

La puesta del sol.

La lluvia.

A veces las bendiciones menos obvias son las que más apreciamos.

Pero, aun sin una chequera, usted puede comenzar el ciclo de la mayordomía victoriosa. Las recompensas de Dios no son para guardarlas sino para compartirlas. "Así que, según tengamos oportunidad, hagamos bien a todos, y especialmente a los de la familia de la fe" (Gálatas 6:10).

El ciclo de la mayordomía puede comenzar de manera insignificante. James S. Hewett cuenta de la bendición de los 57 centavos que encontraron bajo la almohada de una niñita cuando ella murió.

Unos años atrás, la niña había querido asistir a una pequeña escuela dominical en Filadelfia, pero le dijeron que no había suficiente espacio. Entonces ella comenzó a ahorrar sus centavos para "ayudar a que la escuela dominical tuviera más salones". Dos años después la niña se enfermó y murió. Bajo su almohada, encontraron un pequeño monedero con 57 centavos y un papel, con la siguiente nota escrita muy claramente: "Para ayudar a construir un templo más grande para que más niños puedan ir a la escuela dominical".

El pastor contó la historia a su congregación y el periódico difundió la historia por todo el país. Pronto los centavos se multiplicaron, y hoy se puede ver el resultado en Filadelfia. Hay un templo con 3,300 asientos; la Universidad Temple, que recibe a miles de estudiantes; el Hospital Temple; y un gran edificio para la escuela dominical. Y todo comenzó con 57 centavos.[2]

Tal vez usted tenga más de 57 centavos, mucho más. Pero como sucedió con la niña, su ofrenda sacrificada —ofrecida con amor y en obediencia a Dios— se puede multiplicar. Dios lo ve y lo recompensa.

Practicar la mayordomía es confiar

Proverbios 19:17 nos enseña: "A Jehová presta el que da al pobre; el bien que ha hecho se lo devolverá". Pero, ¿cómo se le puede "prestar" a Aquel que lo posee todo? Simplemente, usted pone en circulación otra vez los recursos que son de Él.

A medida que usted le da a Dios, Él da a otros, ¡y lo incluye a usted en el ciclo! No importa cuánto dé usted, siempre obtendrá lo mejor del trato. Dar es un acto de confianza en Dios: la confianza de que Él le dará la ganancia de su inversión. ¿Por qué le da Él una ganancia? Para que usted continúe el ciclo de la mayordomía: *dar, recibir y volver a dar*.

La provisión de Dios es ilimitada. Actúe de acuerdo con esa verdad.

- ¿Necesita un amigo? Brinde amistad y Él le dará el mejor amigo: Él mismo. "Amigos hay más unidos que un hermano" (Proverbios 18:24).

- ¿Necesita incentivo en su carrera? Esfuércese y Él le dará sabiduría para progresar. "Honra a Jehová con tus bienes y con las primicias de todos tus frutos; entonces tus graneros estarán colmados con abundancia y tus lagares rebosarán de mosto" (Proverbios 3:9-10).

- ¿Busca las bendiciones de Dios? Invierta en la vida de otros y Dios le dará su aprobación eterna. "Porque Dios no es injusto para olvidar vuestra obra y el trabajo de amor que habéis mostrado hacia su nombre, habiendo servido a los santos y sirviéndolos aún" (Hebreos 6:10).

- ¿Desea madurez espiritual? Entregue su corazón a Dios y Él le recompensará con su presencia. "Acercaos a Dios, y él se acercará a vosotros" (Santiago 4:8).

Lo que usted haga, causará una reacción que también bendecirá a otros. Se cuenta que cuando unos trabajadores removían árboles de un terreno, el supervisor se percató de que en un árbol había un nido de pájaros. Movido por la compasión, ordenó a los obreros que no cortaran ese árbol. Unas semanas después regresó a ver ese árbol solitario en el sitio de la construcción. Subiéndose a una de las máquinas para remover tierra, lo elevaron para que examinara el nido. Las pequeñas aves se habían ido —habían aprendido a volar.

Entonces el supervisor ordenó que cortaran el árbol. Al caer a tierra, el nido se destrozó. El hombre, al ver un papelito entre los escombros del nido, lo levantó y lo leyó. Era parte de una hoja de alguna lección de escuela dominical; quizá el encargado de limpiar el templo la había arrojado a la basura. La madre de los pajaritos había recogido ese pequeño papel como material para construir su nido. Sólo quedaban estas palabras de la lección bíblica: "Él cuida de ustedes" (1 Pedro 5:7, *Nueva Versión Internacional*).

El tiempo que un hombre invirtió para preservar el nido, unido a la promesa impresa de la Palabra de Dios, resultó en el bienestar de unos pequeños pajaritos que vivieron para alzar vuelo. Fue un "ciclo de mayordomía victoriosa".

Practicar la mayordomía brinda descanso

En el libro *The Harder I Laugh, the Deeper I Hurt* (Mientras más fuerte me río, más profundo es mi dolor), yo (Stan) cuento de un tiempo crítico en mi vida cuando tuve que confiar en Dios.

Nunca olvidaré el día cuando murió mi padre. Mi tío Roy nos recogió después de clases en el viejo Plymouth 1959 de papá, y nos dijo: "Tenemos que ir al hospital. Su papá tuvo un accidente y está herido".

Lo extraño es que, dos semanas antes, yo había soñado que mi papá había muerto. Fue sólo un sueño, pero desperté temblando de pies a cabeza, sollozando y tratando de imaginar cómo sería la vida sin papá. Cuando vi la mirada seria de mi tío, recordé al instante esa sensación de pánico y angustia. Tenía sólo 11 años de edad y nunca me había sentido tan devastado. Al reflexionar en eso ahora, pienso que quizá, por medio del sueño, el Señor quiso prepararme para lo que vendría más adelante.

Tío Roy nos llevó al hospital en Columbus, Ohio. Mis hermanos menores y yo esperamos en el auto casi cinco horas, mientras mamá entraba y salía del hospital. Finalmente, un policía salió y nos dijo que nuestro padre había muerto. Recordando aquel horrible sueño, comprendí que en verdad estaba viviendo ese dolor desgarrador del que sólo había tenido una muestra dos semanas antes. ¿Cómo podría regresar a la casa sabiendo que papá ya no estaría allí?

Cuando llegamos a casa, no quería ni siquiera bajar del auto para entrar en ella. Mi corazón desesperado palpitaba con fuerza, mientras mis hermanos —Terry, de nueve años, y Mark, de tres— sollozaban y se aferraban a mí en el asiento trasero del auto. Mamá estaba tan turbada que tío Roy tuvo que ayudarla a caminar hasta la casa. Cómo deseaba que él no regresara por nosotros; yo sólo quería desaparecer. Pero pronto tío Roy volvió. En ese momento supe que no tenía alternativa: tendría que entrar en la casa.

Caminando con mis hermanos, con sus brazos alrededor de mí, comencé a subir las gradas, pero no pude seguir. Una agonía desgarradora me sobrecogió y colapsé gimiendo de dolor. Me sentí perdido, completamente perdido en un mar de sufrimiento. La confusión se apoderó de mí. La desesperación me dominó. Mi mente de 11 años no podía comprender cómo podía haber pasado eso. ¿Cómo era posible que papá —mi papá— estuviera muerto? Tan solo la noche anterior habíamos estado juntos. Recordé su sonrisa cálida y agradable. Recordé los encuentros de lucha libre entre padre e hijo, y su confirmación de que me amaba con todas sus fuerzas. ¿Cómo podía él estar muerto? *¿Cómo era posible?*

Simplemente, no tenía sentido. Nos habíamos mudado de Virginia Occidental a Ohio para que papá ya no tuviera que trabajar en las minas de carbón. Él sufría de la enfermedad llamada pulmón negro, y se había fracturado la espalda tres veces antes de cumplir 30 años. Había trasladado a la familia a Ohio para que mejorara nuestra vida. ¡Y ahora él estaba muerto! ¡Todas nuestras esperanzas de una vida mejor se habían truncado! Ni siquiera sentía que éramos ya una familia; sólo quería huir y esconderme. No creí que podría soportar el dolor que estaba sintiendo. Histéricamente exclamé: "¡Dios, no puedo entrar a la casa otra vez sin mi papá!"

Entonces, en forma casi audible, percibí la voz de Dios: "Aunque ande en valle de sombra de muerte..." (Salmos 23:4). De inmediato tuve la seguridad de que no estaba solo; el Señor estaba conmigo. Me levanté, me sequé las lágrimas y entré en la casa. Una maravillosa paz inundó mi alma, una paz que me dio el valor para enfrentar los días difíciles que se avecinaban.[3]

Mi fe en la promesa de Dios fue lo que me ayudó a sobrellevar esa dura prueba. Dios había recompensado mi confianza con su presencia. Nosotros tomamos decisiones similares casi todos los días, eligiendo entre confiar en el Señor o en nuestros propios esfuerzos. El pastor Bill Hybels dice:

> Nosotros escogemos entre lo correcto y lo conveniente, defendiendo una convicción, o cediendo por comodidad, por avaricia o para obtener la aprobación de los demás. Escogemos ya sea tomar un riesgo cuidadosamente pensado, o refugiarnos en un caparazón de seguridad, protección e inactividad. Escogemos ya sea creer en Dios y confiar en Él, aun cuando no siempre entendamos sus caminos, o lo criticamos y nos sumergimos en la duda y el temor.[4]

Recientemente ofrendamos 1,000 dólares para una causa especial en la iglesia. La semana siguiente recibimos un cheque inesperado por $1,410. ¿Coincidencia? De ninguna manera. Habíamos dado un paso de fe, practicando el "ciclo de la mayordomía victoriosa". Simplemente Dios nos estaba dando la ganancia de nuestra inversión.

Nuestra disposición para ofrendar nos ayudó a crecer en la fe. Incrementó nuestra estabilidad espiritual. Experimentamos descanso espiritual. Creer que Dios recompensará nuestra ofrenda realmente nos da más fuerza espiritual.

Juan Wesley tenía una filosofía simple respecto a sus finanzas: *Gana todo lo puedas, ahorra todo lo que puedas, y da todo lo que puedas.* ¿Cómo influyó esta filosofía en su fe? Él escribió: "¿Qué debemos hacer, entonces, para que el dinero no pueda hundirnos en las profundidades del infierno? Hay una sola manera, y no hay otra bajo el cielo. Si aquellos que 'ganan todo lo que pueden' y 'ahorran todo lo que pueden', de la misma manera 'dan todo lo que pueden', entonces mientras más ganen, más crecerán en la gracia y más tesoros acumularán en el cielo".

Obedecer los principios de la Palabra de Dios —incluyendo los principios de mayordomía— nos ayuda a disfrutar de una vida de descanso en Cristo. Eso no quiere decir que nunca sufriremos de insomnio. Tampoco significa que no enfrentaremos situaciones estresantes. Simplemente significa que hemos escogido vivir en otro nivel, no confiando en nuestros propios esfuerzos sino con una confianza activa en la provisión de Dios. El resultado es el reposo espiritual.

Dios ha prometido recompensarnos por nuestra fidelidad. Al dar, estamos confiando que Él cumplirá sus promesas.

Enfoca tu mirada en la eternidad

La mayordomía es un ejercicio espiritual. Es mucho más que escribir un cheque o poner dinero en el plato de ofrendas. Es invertir en el banco del cielo. Pablo dijo: "El cual pagará a cada uno conforme a sus obras: vida eterna a los que, perseverando en hacer el bien, buscan gloria, honra e inmortalidad" (Romanos 2:6-7). El uso sabio y espiritual de nuestro dinero aquí en la tierra será recompensado eternamente.

Puesto que en el Nuevo Testamento hay más de 2,000 versículos que tratan del dinero, obviamente a Dios le interesa la manera en que manejamos nuestras finanzas.

La salvación es gratuita. Jesús pagó por ella con su propia vida. Pero nuestra lealtad y servicio a Él tienen un costo personal. El rey David lo expresó de esta manera: "No ofreceré a Jehová, mi Dios, holocaustos que no me cuesten nada" (2 Samuel 24:24). En otras palabras, la adoración sin una expresión tangible de gratitud es hueca y vana.

A través de la Biblia vemos ejemplos de lo que es dar al Señor, y ejemplos de cómo recompensa Él al que da. Notemos el incidente en la vida de Simón Pedro, seguidor y discípulo de Jesucristo:

> *Aconteció que estando Jesús junto al Lago de Genesaret, el gentío se agolpaba sobre él para oír la palabra de Dios. Vio dos barcas que estaban cerca de la orilla del lago; los pescadores habían descendido de ellas y lavaban sus redes. Entró en una de aquellas barcas, la cual era de Simón y le rogó que la apartara de tierra un poco. Luego, sentándose, enseñaba desde la barca a la multitud. Cuando terminó de hablar, dijo a Simón: Boga mar adentro, y echad vuestras redes para pescar. Respondiendo Simón, le dijo: Maestro, toda la noche hemos estado trabajando y nada hemos pescado; pero en tu palabra echaré la red. Cuando lo hicieron, recogieron tal cantidad de peces que su red se rompía* (Lucas 5:1-7).

El ciclo de la mayordomía comenzó con una simple transacción. El discípulo le dio una de sus barcas a Jesús. Y resultó en abundancia de peces, más que los que el discípulo había obtenido en todas sus pescas anteriores.

La fe nos capacita para ver lo que otros no pueden ver.

El dar de corazón, combinado con una fe activa, resultará en un milagro: un milagro de resurrección. En 1 Corintios 15:55-57 tenemos esta promesa: "¿Dónde está, muerte, tu aguijón? ¿Dónde, sepulcro, tu victoria?, porque el aguijón de la muerte es el pecado, y el poder del pecado es la Ley. Pero gracias sean dadas a Dios, que nos da la victoria por medio de nuestro Señor Jesucristo".

Nuestro vecino Mart Green nos invitó a la exhibición preliminar de un documental que él produjo. Trataba de la vida de Jim Elliot, un joven misionero que pagó con su vida el costo de servir al Señor. En el estreno del documental,

Mart le recordó a la audiencia que Elliot una vez afirmó: "No es tonto quien da lo que no puede retener, para ganar lo que no puede perder".

En verdad, en eso consiste el *ciclo de la mayordomía victoriosa.*

Notas bibliográficas

Introducción

1. *He Owns the Cattle on a Thousand Hills.* © Derechos reservados 1948, renovado en 1976 por John W. Peterson Music Company. Usado con permiso.

Capítulo 1

1. Earl y Hazel Lee, *El ciclo de la vida victoriosa* (Kansas City: Casa Nazarena de Publicaciones, 2001), 30-31.

2. Thomas G. Long, "Matthew", *Westminster Bible Companion* (Louisville, Kentucky: Westminster-John Knox Press, 1974), 75.

Capítulo 2

1. Earl y Hazel Lee, *El ciclo de la vida victoriosa*, 23.

2. Stan Toler y Elmer Towns, *Developing a Giving Church* (Kansas City: Beacon Hill Press of Kansas City, 1999), 69.

3. Randy Cloud, *Adult Leader*, marzo — mayo 2003, 90.

4. Norman Wilson y Jerry Brecheisen, *The Call to Contentment: Life Lessons from the Beatitudes* (Indianápolis: Wesleyan Publishing House, 2002), 18.

5. Adaptado de Donald E. y Vesta W. Mansell, "Sure as the Dawn", *Wit & Wisdom*, 15 de octubre de 1993, 14.

6. Joseph P. Blank, "Who Mourns for Herbie Worth?", *Reader's Digest*, octubre 2001, 132A-132H.

Capítulo 3

1. Earl y Hazel Lee, *El ciclo de la vida victoriosa*, 37.

2. John F. MacArthur Jr., *Whose Money Is It, Anyway?* (Nashville: Word Publishing, 2000), 90-91.

3. James S. Hewett, *Illustrations Unlimited* (Wheaton, Ill: Tyndale House Publishers, 1988), 98.

4. Citado en Ray C. Stedman, *God's Final Word: Understanding Revelation* (Grands Rapids: Discovery House Publishers, 1991), 38.

5. Steve Farrar, *Point Man: How a Man Can Lead a Family* (Nashville: Word Publishing, 1994), 44.

6. Bruce Larson y Robert Schuller, *What God Wants to Know: Finding Your Answers in God's Vital Questions* (Nueva York: HarperCollins, 1993), 63.

7. Charles Swindoll, *The Tale of the Tardy Oxcart: And 1,501 Other Stories* (Nashville: Word Publishing, 1998), 230.

8. Jerry Brecheisen, *In Pleasant Places: Celebrating the Fiftieth Wedding Anniversary of Tom & Joan Phillippe* (Derechos reservados por Thomas E. y Joan Phillippe, 2003), 26. Usado con permiso.

Capítulo 4

1. Earl y Hazel Lee, *El ciclo de la vida victoriosa*, 41.

2. James S. Hewett, *Illustrations Unlimited*, 462.

3. Stan Toler y Debra White Smith, *The Harder I Laugh, the Deeper I Hurt* (Kansas City: Beacon Hill Press of Kansas City, 2001), 15-16.

4. Bill Hybels, *Who Are You (When No One's Looking)?* (Downers Grove, Illinois: InterVarsity Press, 1998), 82.